湘商文化教程

主　编　禹明华　廖　佚　李　琦

副主编　周　妮　韦　星　刘　婕　刘　欣　陈娟莉

编　委（按姓氏拼音顺序）

陈洛茜　黄　铖　候　岖　聂振华　欧阳晓婷　汤艺峰
吴　婷　余　卉　曾　玲

中国财经出版传媒集团
中国财政经济出版社
·北京·

图书在版编目（CIP）数据

湘商文化教程 / 禹明华，廖佚，李琦主编. -- 北京：中国财政经济出版社，2024.3

ISBN 978-7-5223-2798-3

Ⅰ. ①湘… Ⅱ. ①禹… ②廖… ③李… Ⅲ. ①商业文化—湖南—高等职业教育—教材 Ⅳ. ①F727. 64

中国国家版本馆 CIP 数据核字（2027）第 035469 号

责任编辑：李 冰 谷 文　　责任校对：胡永立

封面设计：陈宇琰

湘商文化教程

XIANG SHANG WEN HUA JIAO CHENG

中国财政经济出版社 出版

URL：http://www.cfeph.cn

E-mail：cfeph@cfemg.cn

社址：北京市海淀区阜成路甲 28 号 邮政编码：100142

营销中心电话：010-88191522

天猫网店：中国财政经济出版社旗舰店

网址：https://zgczjjcbs.tmall.com

北京密兴印刷有限公司印刷 各地新华书店经销

成品尺寸：185mm × 260mm 16 开 13 印张 231 000 字

2024 年 3 月第 1 版 2024 年 3 月北京第 1 次印刷

定价：46.00 元

ISBN 978-7-5223-2798-3

（图书出现印装问题，本社负责调换，电话：010-88190548）

本社质量投诉电话：010-88190744

图　湘商文化院近照

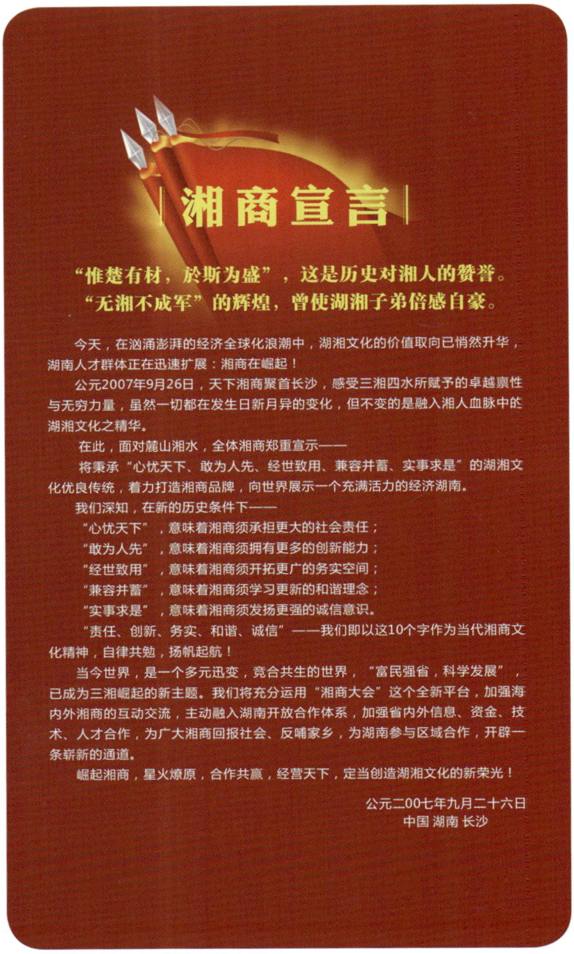

湘商宣言

“惟楚有材，於斯为盛”，这是历史对湘人的赞誉。
“无湘不成军”的辉煌，曾使湖湘子弟倍感自豪。

今天，在汹涌澎湃的经济全球化浪潮中，湖湘文化的价值取向已悄然升华，湖南人才群体正在迅速扩展：湘商在崛起！

公元2007年9月26日，天下湘商聚首长沙，感受三湘四水所赋予的卓越禀性与无穷力量，虽然一切都在发生日新月异的变化，但不变的是融入湘人血脉中的湖湘文化之精华。

在此，面对麓山湘水，全体湘商郑重宣示——

将秉承“心忧天下、敢为人先、经世致用、兼容并蓄、实事求是”的湖湘文化优良传统，着力打造湘商品牌，向世界展示一个充满活力的经济湖南。

我们深知，在新的历史条件下——

“心忧天下”，意味着湘商须承担更大的社会责任；

“敢为人先”，意味着湘商须拥有更多的创新能力；

“经世致用”，意味着湘商须开拓更广的务实空间；

“兼容并蓄”，意味着湘商须学习更新的和谐理念；

“实事求是”，意味着湘商须发扬更强的诚信意识。

“责任、创新、务实、和谐、诚信”——我们即以这10个字作为当代湘商文化精神，自律共勉，扬帆起航！

当今世界，是一个多元迅变，竞合共生的世界，“富民强省，科学发展”，已成为三湘崛起的新主题。我们将充分运用“湘商大会”这个全新平台，加强海内外湘商的互动交流，主动融入湖南开放合作体系，加强省内外信息、资金、技术、人才合作，为广大湘商回报社会、反哺家乡，为湖南参与区域合作，开辟一条崭新的通道。

崛起湘商，星火燎原，合作共赢，经营天下，定当创造湖湘文化的新荣光！

公元二00七年九月二十六日
中国 湖南 长沙

图　湘商宣言

图　湘商文化院近照

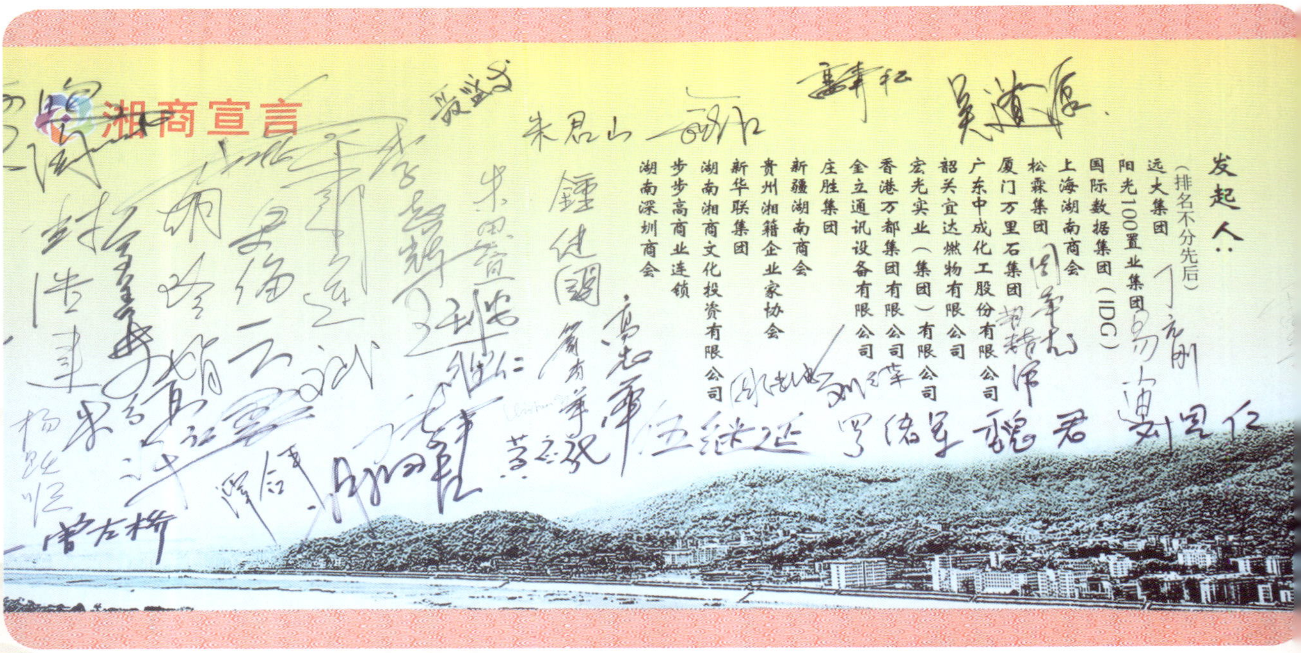

图　众多企业家在湘商宣言上签名

前言

新时代　新湘商

2020年7月21日，习近平总书记在企业家座谈会上指出："改革开放以来，一大批有胆识、勇创新的企业家茁壮成长，形成了具有鲜明时代特征、民族特色、世界水准的中国企业家队伍。企业家要带领企业战胜当前的困难，走向更辉煌的未来，就要弘扬企业家精神，在爱国、创新、诚信、社会责任和国际视野等方面不断提升自己，努力成为新时代构建新发展格局、建设现代化经济体系、推动高质量发展的生力军。"回望改革开放之路，我国国内生产总值由1978年的3645亿元到2020年突破100万亿元大关，创造了世所公认的"中国奇迹"，其中一个重要推动力即在于中国企业的快速崛起和蓬勃发展，这得益于企业家队伍的不断壮大，得益于企业家精神的培育与传承。

湖南省内湘商市场主体有502.95万（私营企业主109.26万、个体工商户393.69万），创造了全省70%以上的GDP、60%以上的税收、90%以上的新增城镇劳动力就业、90%以上的科技型中小企业、90%以上的新增企业数量，是经济社会发展的中坚力量。"十四五"期间，湖南将全面落实"三高四新"战略定位和使命任务，牢记嘱托、干在实处、走在前列。"装备制造""农产品加工""材料"三大万亿产业，正牵引着轨道交通、工程机械、电子信息、医药等13个千亿产业奋勇前行，广大湘商踌躇满志、重任在肩。他们在为国担当、为国分忧中彰显爱国情怀；在高水平对外开放中创新自强；在优化营商环境中带头诚信守法；在助力共同富裕中积极承担社会责任；在推动构建

“双循环”发展格局中不断拓宽国际视野，在现代化新湖南建设中贡献湘商力量。

湖湘文化源远流长，它作为湘商成长的滋养源泉和文化底色，造就了湖湘商人们的共同话语体系以及趋同的思维方式，进而引导并形成了湘商群体所独有的价值观念、经营理念和管理方式。“敢为人先”的精神激励着广大湘商锐意进取、务实创新；“心忧天下”的精神激励着广大湘商胸怀祖国、勇毅担当；“经世致用”的精神勉励着广大湘商先义后利、勤勉奋进，“兼容并蓄”的精神促使着广大湘商博学广识、融通四方……历史证明，这些湖湘文化的优良品质也正是古往今来诸多湘商创业兴业、成就大业的精神动力、制胜之方和成功之道。

近代以来，在湖湘文化的熏染、激励下，形成了“惟楚有才，于斯为盛”的“湖南现象”，并深刻影响了中国的历史进程。新时代，湖南经济社会的高质量发展，同样也离不开文化赋能。湖湘文化所孕育出的湘商文化精神，能增强湘商群体的理念自信、价值自信、文化自信、品牌自信、传承自信、服务自信，培育湘商成长的精神食粮，成为湖南经济社会稳定、繁荣和持续发展的强大内驱力。

职业教育是与地方经济社会发展联系最为密切的教育类型。当今时代，发展职业教育也早已经成为世界各国振兴经济、改善民生、促进社会和谐的战略选择。目前全国共有职业学校 1.15 万所，在校生 2857.18 万人，开设了 1200 余个专业和 10 余万个专业点，基本覆盖了国民经济各个领域，每年培养 1000 万左右的高素质技术技能人才。在现代制造业、战略性新兴产业和现代服务业等领域，新增一线从业人员 70% 以上来自职业院校毕业生。习近平总书记指出，在全面建设社会主义现代化国家新征程中，职业教育前途广阔、大有可为。

党的十九大以来，特别是《国家职业教育改革实施方案》《关于推动现代职业教育高质量发展的意见》等一系列重要文件颁布以来，我国职业教育迎来大发展的春天，走上提质培优、增值赋能的快车道。党的二十大报告明确指出，统筹职业教育、高等教育、继续教育协同创新，推进职普融通、产教融合、科教融汇，优化职业教育类型定位。健全终身职业技能培训制度，加快建设包括大国工匠和高技能人才在内的“国家战略人才力量”。职业教育作为与普通教育具有同等重要地位的教育类型，是国民教育体系和人力资源开发的重要组成部分，是培养多样化人才、传承技术技能、促进就业创业的重要途径。高职教育是经济社会发展的助推器、加速器，高水平、高层次的技术技能人才对全面建设社会主义现代化国家、实现中华民族伟大复兴的中国梦至关重要。

近年来，湘商迅速崛起，跻身于中国十大商帮。湘商文化作为新生事物，既保留了传统儒商的精神特质和商德基础，又发扬了湖湘文化的优秀基因，并通过对外学习交流汲取先进技术和管理经验，自成一体。湘商文化是湖湘文化由革命文化向建设文化转型的体现，湘商精神是湖南人将革命精神注入经济社会建设中继而转化为建设精神的彰显。因此，“责任、创新、务实、和谐、诚信”的湘商文化精神，对高素质技术技能人才培养，尤为重要。

目前，湖南省中、高职在校生规模分别为82.2万、72.85万人，是全国7个部省共建职教高地之一、6个首批受国务院真抓实干督查措施激励的省分之一，职教整体发展水平位于全国“第一方阵”。新时代，要适应新一轮科技革命和产业变革的需要，就必须以湘商文化精神充盈其中、涵养其内，培育高水平技术技能人才、建立健全充满活力的职业发展环境。

《湘商文化教程》此次编撰，邀请了政研校企各方面专家共同参与、集智攻关，旨在讲好湘商故事，构筑湘商良好形象，推出湘商文化名片，展示湘商文化魅力，扩大湘商文化影响力。本书共分“湘商源流”“湘商精神”“湘商风物”“湘商模式”“湘商精英”“湘商成就”六个部分，在全面梳理湘商波澜壮阔的奋斗历程的同时，紧密结合新时期新形势下的任务特点，对新时代新湘商的新发展进行了详细调研和科学总结，为大家认识新湘商、了解新湘商、学习新湘商提供了有益蓝本。希望同学们认真研习、汲取精华、勤加运用，早日成为可堪大用的技术技能型新湘商人才，为实现中华民族伟大复兴的中国梦注入青春能量，为全面建设富强民主文明和谐美丽的社会主义现代化新湖南砥砺前行、努力奋斗！

编者

2024年1月

目录

湘商文化教程

第一章 | 湘商源流

五千年华夏文明熠熠生辉，九万里湘商之路源远流长。湘商，起于湖湘沃土，遍及神州大地，走向五洲四洋，扬厚重人文之大纛，展经世致用之风貌。透过厚重历史，让我们从璀璨的湖湘文化中汲取养分，从漫长的湘商历史中找寻渊源。

第一节 湖湘文化浸润

一、湖湘文化及核心价值观

钱基博在《湖南近百年学风》中提到："湖南之为省，北阻大江南薄五岭，西接黔蜀，群苗所萃，盖四塞之国。其地水少而山多。重山迭岭，滩河峻激，而舟车不易为交通。顽石赭土，地质刚坚，而民性多流于倔强，以故风气塞，常不为中原人文所沾被。抑亦风气自创，能别于中原人物以独立。人杰地灵，大儒迭起，前不见古人，后不见来者，宏识孤怀，涵今茹苦，罔不有独立自由之思想，有坚强不磨之志节。湛深古学而能自辟蹊径，不为古学所圈。义以淑群，行必厉己，以开一代之风气，盖地理使其然也。"这既指出了湖南的地理环境，又阐释了湖南的文化特点。

春秋战国时期，湖南属于楚国，楚人含有古蛮族的血统，后与炎黄文化融合，成为中华文化的重要组成部分，既接受了中原文化的影响，又保有楚人蛮族文化生猛雄健的遗绪。古人所谓"深山大泽，实产龙蛇"即此之谓。地域的封闭性，更使这种独特的基因得以绵延不绝。文化的核心是人，人是环境的产物，于是湖湘文化和具有此文化性格的人就在这一特殊的土壤中应运而生。

关于湖湘文化的核心价值观，人们有着不同的观点。湖湘文化可上溯到屈贾——屈原和贾谊，他们虽非湘籍人士，但对湖湘文化影响极为深远。战国时期，屈原开创"楚辞"体，忠而被谤自沉汨罗江，以身殉国，被誉为"中华诗祖""辞赋之祖""诗魂"。1953 年，屈原被世界和平理事会评为世界文化名人。西汉初期，贾谊力主改革而被贬长沙，其活动和著述对长沙乃至湖南文化、经济发展都产生了重要影响，世称"贾长沙"。两宋以来的湖南文化，称为"湖湘文化"。中原的儒学是湖湘文化的来源；湖湘的民风民俗、心理特征等，则主要源于本土文化传统。

湖湘文化包括两个层面的内涵，一层是指自古以来陆续生息于湖南的各族人民在长期历史过程中所创造形成的具有独特个性之民风、民俗、社会意识、科学文化乃至物质文化等的总和；另一层是指在此基础上所发展和积淀起来的文化精神。学者雷国珍更是明确指出“所谓湖湘文化，就是指唐宋以来诞生在湖南地区的区域性历史文化”。

湖湘文化还有狭义和广义之分。狭义的湖湘文化仅指南宋以后形成的以“湖湘学派”为代表的理学思想，它的一个鲜明特点，就是把传习理学的学术教育活动同实事求是、经邦济世的经世愿望紧密结合在一起。胡安国以《春秋》为“经世大典”，胡宏主张“以仁致用”，张栻强调“知行并发”，无不出于现实的需要。广义的湖湘文化乃是具有明显湖湘地域资源特色的地方文化。湖湘文化的资源特色因素，一是自然环境，二是社会环境。唐代韩愈在《送廖道士序》中说：“南方之山，巍然高而大者以百数，独衡为最。最远而独为宗，其神必灵。衡之南八九百里，地益高，山益峻，水清而益驶，其最高而横绝南北者岭，中州清淑之气于是乎穷。气之所穷，盛而不过，必蜿蜒扶舆，磅礴而郁积……意必有魁奇忠信材德之民生其间。”刘禹锡在《送周鲁儒序》中也说：“潇湘间无土山，无浊水，民乘是气，往往清慧而文。”“清慧而文”既是文化的特征，也是儒商的特征。

本教材采用的湖湘文化定义是指发生、发展和流行在现今湖南地域内的一种地域性文化，是一个丰富而复杂、不断发展的文化复合体系，把表现湖南政治、经济、社会和生态的内容作为“湖湘文化”。湖湘文化被认为是湖南、湖北区域的楚文化，这里关于湖湘文化定义中“湖南”这一地域的限定也并不突兀，因为湖湘文化虽是在楚文化中孕育、诞生，但后续又发展为有别于荆楚文化的一种地域文化。作为政治域名的“湖南”，在中唐设置“湖南抚使”时显现；元明两代，湖南作为一区与湖北并称为湖广省；清初，湖南独立建立行省。清初湖南独立建省后，作为新兴的南方文化一脉的“湖湘文化”，逐渐摆脱了对楚文化的依附和束缚，走上了独自发展的道路。传统的楚文化在两湖渐渐分化成既有相似性又各自特色鲜明的两支：湖南的“湖湘文化”和湖北的“荆襄文化”。湖湘文化是根据湖湘人长期的实践活动总结出来的，是有其历史依据的。学者们普遍认同湖湘文化不仅仅是一个学派，更是长期以来在现今湖南地域范围内形成和发展起来的一种地域文化，是中国文化的重要组成部分，具有悠久的历史和丰富的内涵。

关于湖湘文化的核心价值观，现在比较普遍认可“忧国忧民、经世致用、敢为人先、兼收并蓄、实事求是”这一观点。湖南人的性格特征正是这一价值观的外在体现。

湖湘文化在不同的层面有不同的表现，但均体现出湖湘文化的核心价值，也是湖湘文化核心价值的形成过程。湖南人政治上具有以天下为己任的使命感、责任感和勇于投身政治洪流的献身精神；思想上具有上下探索、敢为人先、富于开拓与创新的意识；行动上具有脚踏实地刻苦耐劳、勇于任事的实干精神；行为准则上，刚正不阿、讲求气节一以贯之。湖湘学派，一是重视心学，二是反对佛教，三是以民族大义为重，四是“不定一门”。这些都体现了湖湘文化兼容并蓄的博大胸怀。从湖湘文学的角度，体现湖湘文化的特点有五：一是具有以天下为己任的爱国主义精神；二是求实务实，讲究经世致用；三是追求理想百折不挠的进取精神；四是革故鼎新的历史观；五是具有浪漫主义情调。从士习民风的角度，近代湖湘文化表现出二重性：既继承了古代湖湘士风民气的基本传统，主要是勤劳、勇敢、笃实、俭朴，富于爱国心和奋斗精神，以及闭塞、倔强的一面，又在新的历史条件下有明显的变异，表现出特别强烈的爱国情怀、经世务实作风、善变趋新风貌的奋斗牺牲精神等。

湖湘文化传统中有一个非常突出的特点是重“经世致用”、重“躬行实践”，即不尚空谈，而求务实。湖湘文化的求实精神从湖湘学派开始，由经世派进行发扬，但湖南地处内陆，经济相对落后，湖湘文化面临开拓性和开放性严重不足的问题，因此，湖湘文化具有务实与创新相辅、先进与保守兼备的特征。到维新运动时，在湖湘大地上发出一股强劲的重实学的风气，并促使了一大批新式学堂的诞生，其直接的结果是近代的湖湘文化开始与社会实际紧密联系。当西方列强用坚船利炮打开中国大门时，首先喊出“师夷长技以制夷”口号的是湘人魏源，而最早接受这个口号付诸实践的是湘人曾国藩、左宗棠。经世致用之学强调对现实政治的参与，关注的是治国救民之道。同时，近代中国又面临强国御侮、变革政治制度的任务。经世之学的价值取向和近代中国社会现实的迫切需要，影响和造就了谭嗣同创新的政治思想。到辛亥革命时期，具有经世学风的湖湘文化得到了进一步的发扬。反映了湖湘文化自我完善、与时俱进的适应能力和强大生命力。

进入近代以后，湖湘文化的这种开放胸襟和融合精神突出表现在向西方学习上。中国近代史上第一个喊出“冲决一切罗网”，并且为了维新变法而流血的人是谭嗣同。谭嗣同所代表的实际上也是湖湘文化的一种奋斗精神和创新精神。

从湖湘文化的核心价值描述可以发现，湖湘文化的核心价值是各部分交互相容又不断自我完善的，湖湘文化在历史洪流中不断变化着。爱国精神和经世致用与开放态度相结合使先辈湘人喊出了“师夷长技以制夷”的口号，奋斗精神和爱国精神激励湘人不断前行，铁血湘军闻名全国。到了今天，湖湘文化体现在湘商上表现为心怀天下，忧国忧民的爱国主义精神；追求理想信念，百折不挠的进取精神；思变求新，敢为人先的创新精神；经世致用，躬行实践的务实精神；融合百家，兼收并蓄的开放精神；敢作敢为、不怕牺牲的斗争精神；倔犟勇武、舍生取义的大无畏精神；艰苦奋斗、吃苦耐劳的创业精神。

二、湖湘文化与湘商文化的关系

湖湘文化的价值理念和湘商文化的精神实质基本是一致的，湘商文化与湖湘文化一脉相传，湖湘文化是湘商文化的根脉和底色。

湘商文化，是湖南历史上的商人群体即湘商在经商过程中创造的物质与精神财富总和，是湖南地区具有代表性的商业文化，是湖湘文化的重要组成部分。但湘商文化不同于湖湘文化，亦不同于湖南精神，它是湖南人在经济筹谋，经商创业中所表现出来的思想内涵与价值理念，2007 年 9 月 26 日，在湖南长沙召开的首届湘商大会上，由傅军、张跃、周华松、伍继延、熊晓鸽、刘习宜、易小迪等 18 名杰出湘商代表发表了《湘商宣言》，“责任、创新、务实、和谐、诚信”，这十个字正式被确立为当代湘商文化精神。

湖南深居内陆，土地贫瘠、资源匮乏、环境恶劣，滋养了湖南人不畏艰苦、坚韧不拔的性格。同时，湖湘文化也为湘商文化提供了深厚的文化底蕴和精神支撑。湘商文化在湖湘文化的基础上形成，湖湘文化的核心价值为湖南湘商文化所继承，形成地区独特的商业传统和商人的精神风貌。湘商文化以商业活动为核心，强调诚信、勤劳、务实、开拓的价值观念，并形成了一套自己的商业经营模式和商业文化体系。

湖湘文化是湘商的精气神。在我国历史上的多次进步浪潮中，湘人均不甘人后。究其原因主要是两点：一是时势造英雄；二是湖湘文化的影响。从屈原、贾谊、周敦颐、朱熹、王阳明、曾国藩等人身上，我们看到一条脉络，这就是湘人的精神。

改革开放后，为了发展经济和改变人民的生活状况，湖湘子弟纷纷下海从商，湖南商人已经由过去的三三两两小打小闹发展为声势浩大的湘商，成为与晋商、徽商、粤商、浙商相抗衡的后起之秀。

受湖湘文化熏陶的湖南人，在“敢为天下先”的豪迈勇气鼓舞下，在“先天下之忧而忧”的国家利益至上的政治情怀感召下，在“知行合一”的生活理念的驱动下，每遇时艰，致使个体生命遭遇困顿的时候，湖南人常常为了“大义”而牺牲自己的

"小利"，有时甚至是生命。湖湘精神也成为了湖南人面对挑战、勇闯难关、重新走向辉煌的重要法宝。

湖南商业文化中渗透着湖南人的性格。《史记·楚世家》记载："昔我先王熊绎辟在荆山，筚路蓝缕以处草莽，跋涉山林以事天子，唯是桃弧棘矢以共王事。""筚路蓝缕"的创业精神，积弱图强的坚强信念深深地烙在湘商的身上，而"心忧天下、敢为人先"更在湘商身上表现得淋漓尽致。敢为人先就是善于创新，善于抓住先机，诚如晚清富商朱昌琳在总结自己经商的经验时所说："务审时，如治国。"从现代意义来解读，那就是：社会责任感、诚信度和品牌价值。湘商展示给世人的不仅仅是财富，更是一种商业精神。

唐朝以前，湖南属于"荒蛮之地"，开发较晚。以山地居多的特殊地理环境，久而久之就养成了湖南人刚烈、倔强的山民性格。经历了元末明初、明末清初两度大移民后，在中原文化南下和江东文化西移的大融合过程中，新生代湖南人的性格更有了新时代的特性。正因为湖湘文化适应历史文化发展所蕴含的旺盛生命力，集希望、勇气与力量于一身，加上"霸蛮"的心理定势，所以后来的湖南人经常敢为人先，做出一些开天辟地的大事，也就实属自然了。

湘商在中国的经济发展中扮演着重要角色，他们对湖湘文化的传承与弘扬起到了积极作用。湘商深深植根于湖湘文化，并自觉对湖湘文化进行了传承、改进和发扬。湖湘文化和湘商文化是密切相关的，湖湘文化为湘商文化提供了文化底蕴和精神支撑，而湘商文化则在湖湘文化的基础上形成并发展壮大。两者相互交融、共同促进，共同构筑了湖南地区丰富多彩的文化景观。

浙商、晋商、徽商都有千百年的传统和基业，并且在全世界都享有盛誉。这些大旗不是靠个人举起的，而是在历史的长河里，通过千万次的交易，通过浙商、晋商、徽商身上的优点不断积累形成的口碑，这些也成了他们身上最为重要的特征。但凡在历史长河里有过踪迹的商帮，都有着自己的特有文化和精神。湘商是一个较新的群体，他们没有浙商、徽商、晋商的老传统，没有他们骨子里那种天然的贵族气质，他们也不会如浙商、徽商、晋商一样有全方位的群体认同感和群体归属感，所以湘商文化的传扬对于当下的湘商来说是非常重要的。

湘商文化在湖南地区发挥着重要的作用。湘商以商业活动为核心，在长期的商业实践中形成了独特的商业理念、经营模式和商业文化体系。湘商文化注重诚信、勤劳、务实、开拓的价值观培养。他们崇尚待人诚恳，以信誉为重，讲究彼此间的合作和互信关系。勤劳务实是湘商的显著特点，他们通过勤劳和不懈的努力致富，并注重对事业的持续经营和发展。湘商也勇于开拓市场，善于创新和适应变化，为社会经济的发展、贸易的繁荣和城乡经济的互动做出了积极贡献。湘商在传统行业如茶叶、铜器等的经营中取得了显著成就，并在现代产业如电子信息、汽车制造等领域展现出过人的天赋。同时，他们注重回报社会，积极参与公益事业和社会捐赠活动。湘商的成功故事也激励着广大群众向上向善，助力了湖南的经济社会发展。湖湘文化所孕育出的湘商文化精神，成为湖南经济社会稳定、繁荣和持续发展的强大内驱力。

湖湘文化是一种治世文化，而不是一种致富文化。如今，在市场经济的主导下，经济的发展成为人们评价某一区域发展现状的主要标准。诸如湘学大师周敦颐、朱熹以及后来的曾国藩、王船山等，他们的学说大部分是治世儒学。例如，朱熹的理学强化了三纲五常，为封建王朝所用；曾国藩的著书立说更是充满了修身养性、忠君爱国、内圣外王的思想。与注重经济和学术的江浙文化相比，湖湘文化更多着眼于治世。而且，我们还可以很明显地看到，近代湖湘人物志在谋国而非谋一隅，如黄兴等湖湘人物胸中运筹的是中华大地，他们将整个国家的稳定与发展视为自己的使命。因而，近代以来的湖湘人物对于湖南本地经济发展的推动作用较为有限。

湖湘文化本身并不是一种致富文化，湘商文化作为湖湘文化的一分子，更需要挖掘湖湘文化中有利于经济发展的成分。就像马克斯·韦伯在其《新教伦理与资本主义精神》一书中所揭示的文化与经济发展的紧密关系一样，应该说，在湖湘文化中是存在这样的成分的。湖湘文化所蕴含的优良品质对于塑造湘商具有重要的借鉴价值：“心怀天下、忧国忧民”是湘商应有的爱国精神，“坚韧执著、百折不挠”是湘商应有的进取精神，“革故鼎新、敢为人先”是湘商应有的创新精神，“格物致知、经世致用”是湘商应有的实干精神，“兼收并蓄、博采众长”是湘商应有的开放精神。

湖湘文化的创新性，在当代市场经济的环境里，应该是最值得提倡的。湖湘文化千百年来的发展，就是不断向前、不断更新的，这本身对于湖湘文化来说就是创新。湖南人在和平时期，需要大规模地挖掘自己身上还没有被挖掘的潜质，要去发现湖湘文化中之前没有被重视的方面。面对经济革新、大环境变化等客观要素的时候，湘商也要学会重新生长，学会重新从自己的武器库里拿出武器，进行新的战斗。

湘江之水，奔腾不息；湖湘文化，源远流长；湘商精神，创造传奇。面对一脉相承的湖湘文化和湘商文化，一方面，应该把湘商文化和湖湘文化紧密地结合起来并充满自信，只有对文化有坚定的信心，才能获得坚守的从容，才能发自内心的传承和弘扬；另一方面，湘商文化继承湖湘文化精神的同时，要创新、挖掘湖湘文化中有利于经济发展的成分。唯有此，才能更好地面对新时代市场经济的新挑战。有了湘商文化，湘商才有根，才有魂，才有特色，才有凝聚力和创造性；湘商的事业、湖南企业的文化建设、湖湘文化的发展才会取得共赢的成果。

第二节　湘商文化渊源

湘商，与楚文化同兴，经秦汉，而唐宋，后明清，至现今。在其发展过程中，周朝楚国时期已创造出商业繁荣，中原商业活动的兴盛，对湖湘大地的商业活动产生了重要影响，而明清时期的商业辉煌，更加助推了湘商的发展。

一、中原商业文化的影响与辐射

中原地区的商业和商人活动，源远流长，自商周、两汉、魏晋南北朝、隋唐、宋元和明清等各个历史时期，商业都有不同程度的发展并各具特色。在悠久的中原商业发展史上，涌现出了一批批颇负盛名的商人和商帮，他们对加强各地间的商品交换和互通有无，对促进社会经济发展起到了积极作用，创造出许多有价值的经营方法。

（一）商业始祖与商圣

夏朝是我国进入阶级社会的第一个王朝，据《史记·货殖列传》记载，居住在颍川（今禹州）、南阳一带的夏人，“俗杂好事，业多贾”。意思是从事各种活动，很多人走上了经商之路。至商族兴起之时，商品交换已在较大的范围内进行，商人的贩运已是“服牛乘马，引重致远，以利天下”。一种特殊的商品——货币（海贝、铜贝，以“朋”为单位）从商品中分化出来，促进了商业的发展。有众多学者认为，

“商人”之名的由来乃是因为商朝人擅于经商的缘故，我国的商业史应当从商代开始写起。

商朝的始祖称契，到其孙相土之时，居住在商丘，据考证，该地方当在今河南濮阳西南。这时，商族人善耕，善牧，更善于经商。当时需要解决运输问题，于是“相土作乘马”，意即相土驯马拉车或用马驮货，运输货物到较远的地方进行交易。相土的这一创举，促进了商族经济的发展。相土的玄孙王亥也是个有作为的商族首领，善于经营，文献记载：“胲作服牛。”他驯服牛，同相土驯马一样，主要是役牛拉车，以便运输更多的货物。史书记载，王亥曾驾着牛车拉货到有易之地经商，不幸被有易首领帛系臣杀死，夺走货和牛。

根据上述历史，商族首领王亥应当是史书中有明确记载的最早的中原商人，也被称作“中国商人的始祖”。商朝的代表性文化是青铜器。自 20 世纪 30 年代以来，在湖南宁乡出土的商周青铜器总数已达 300 余件，特别是其中的四羊方尊、人面纹方鼎、虎食人卣、象纹大铜铙等，均代表了商代青铜器的最高水平。由此可见湖南与商文化的紧密关系。

春秋战国是我国商品经济十分繁盛的一个时期，农业和手工业的快速发展为商业贸易提供了充足的商品，交易量越来越大。同时，金属货币更多地得到使用，为商品流通提供了更好的条件。

范蠡是春秋末期越国的著名政治家。在越国被吴国灭亡时，是他提出降吴复国、韬光养晦的计策，并随同越王勾践一同到吴国为奴，千方百计谋助勾践回国，成为辅助勾践灭吴复国的第一谋臣。但当勾践复国之后，范蠡急流勇退，毅然弃官而去，他到了当时的商业中心陶（即今山东的定陶区）定居，自称“朱公”，所以人们称他陶朱公。范蠡在这里既经营商业，又从事农业和牧业，很快就表现出了非凡的经商才能，在 19 年内有三次赚了千金之多，但他仗义疏财，赚钱后，从事各种公益事业。范蠡堪称历史上弃政从商的鼻祖和开创个人致富纪录的典范，成为几千年来我国商界的楷模。

《史记集解》张华曰：“陶朱公冢在南郡华容县西，树碑云：是越之范蠡也。”《晋书·地道记》曰：“陶朱冢在华容县。树碑云：是越之范蠡。”《洞庭湖志》对此也有记载：“（范蠡墓）旧传在华容县西南湖滨。”

图 “商圣”范蠡

（二）商业经济的兴盛

东汉建立以后社会生产有了恢复和发展，结束了汉武帝时的五铢钱和王莽时期货币纷杂的情况，有利于商业的发展。东汉中期，商人的牛马车辆充斥道路，首都洛阳和其他都县所在地从事商业的人很多，东汉哲学家、政论家仲长统说：“豪人之室连栋数百，膏田满野，奴婢千群，徒附万计。船车贾贩，周于四方；废居积贮，满于都城。”东汉都城洛阳，居于南北要道的宛，都是汉代的大商业城市。

魏晋以后，民间的手工业生产日益活跃起来，供城市消费的手工业种类也多起来。洛阳城郊内外聚集了许多手工业户，出现了许多大的市场。城南的“四夷（官）”附近住有万余户外来人，销售外地运来或外地人经营的各种商品。江南人在永桥市出售鱼鳖水产，当时有“洛阳伊妨，贵为牛羊”之语。本地的手工业产品，多在城西周回八里的市上出售。为了管理市场，设立了罢市鼓。长期以来的实物交易，逐渐为货币交易所代替。官僚贵族普遍经商，宗室诸王，汉族官僚及大宦官都远近营运，贩肆聚敛。

唐朝的商业比前期有所发展，古中原洛阳虽然经历了战乱的破坏，但很快就恢复了繁华。并在水陆要道或津渡之所，又兴起了许多定期集市，一般称作草市。这些定期集市有的交易繁盛，“富室大户，多居其间”，其中还有一些发展为县城。

东京洛阳在内通南北水路的运河开凿以后，更成了南北货物集散之处。洛阳有三市，东市名丰都，南市名大同，北市名通远。丰都市内有一百二十行，三千余肆。通远市东临增运的河渠，河内船只数以万计。其商业的繁荣可与京都长安相媲美。

宋代的城市完全取消了市场地域的限制，不但许多冲要繁荣的大街中有“屋宇雄伟，门面广阔”的大商店经常在进行着动辄千万的大宗买卖，而且到处都有晓市、夜市、“鬼市”、酒楼、货摊以及形形色色、大大小小的商贩等，日日夜夜在进行着交易。都市中除商店和摊贩外，还有定期的庙会。东京相国寺的庙会，可视为这类市场的典型，《燕翼贻谋录》记载：“东京相国寺乃瓦市也，僧房散处，而中庭两庑，可容万人。凡商旅交易，皆萃其中，四方趋京师以货物求售，转售他物者，必由于此。”由此可见，相国寺庙会已不是一个普通的庙会，而成为全国物资交流的一个批发市场了。像这种性质的庙会，已与清代都市中的定期市没有什么不同。

（三）中原商文化的地位

厚重的中原文化孕育出了中国最早的商人和商业。当中华大地大部分地区还处于茹毛饮血的落后原始时期时，广大的中原地带已进入较为先进的农耕文明时期，形成了一个又一个的繁华都市，聚集了大批以经商为主的群体，并且促进了先进的商业理论的形成。最早重视商业发展的政治家们也在这里出现，他们通过对现实经商行为的观察不断完善经商理论，并且逐渐形成了成体系的商业规则和法律。中原的“商”文化在不断的演变和发展中被更多的地方和人们所了解和接受，最终成为华夏商业文化的发展源头，各种历史记载和现当代的大量考古史料证明，中原的商业文明于三千年前商代发端，至一千年前北宋王朝偏安南迁，其中两千年间始终保持着领先的地位，中原地区被称作整个华夏商业中心也是当之无愧的。

二、楚国商业文化的产生与发展

楚族的祖先是黄帝。司马迁在《史记》中记载说：“楚之先祖出自帝颛顼高阳。高阳者，黄帝之孙，昌意之子也。”楚族从在商代成为方国到公元前 223 年秦灭楚为止，绵延千年，是我国古代历时最长的政权之一。在这段时期里，楚国经济、文化发展很快，以今湖南、湖北为中心，逐步形成了具有楚族独特风格的一支文化系统——楚文化，与中原地区的华夏文化并驾齐驱。

由于历史文献资料阙如，我们无法准确细致地描绘楚国的商业情况，只能根据零星的史料记载和楚国商业遗迹考察予以介绍。

（一）货币的流通与商业的发展

首先是货币体系发达。我国自商代晚期开始出现铜贝货币，东周时金属货币日趋流行。据现有考古材料，楚国主要流通铜贝、铜布、金版三种货币。铜贝，俗称“鬼脸钱”，古钱学家称“蚁鼻钱”，在湖北、湖南、安徽、江苏、鲁南都有出土。铜布，主要有殊布和连布两种，平肩方足，面背圆廓，中有竖画，布首有穿，两面铸文，面文“殊布当釿”，背文“十货”为计值，主要出土于河南扶沟、安徽宿州、湖北大冶等地，是受三晋影响而通行于楚国北境的一种地区性货币。金版，作长方形，两头略上卷，呈龟板状，斜缘，背面平，最大的纵长 12.2 厘米，横宽 8 厘米，重 610 克，含金量高达 99% 左右，江苏、安徽、河南、湖北、陕西、湖南等地均有出土。

综上，楚国有一整套货币制度，其中金版为主币，铜贝、铜布为辅币。黄金以斤、镒为计量单位，每斤为 16 两，每镒为 20 两，每两折合蚁鼻钱 625 枚，每斤折合蚁鼻钱 1 万枚。布币“十货”值蚁鼻钱十枚，“连布”一枚值蚁鼻钱五枚。我们知道，货币经济和商品经济是一个事物的两个侧面，相互促进，密切相关不可分割，一方面，货币经济的发展是以商业的繁荣、商品经济的发达作为基础；另一方面，商品经济的发展，是因为货币经济有了同等的发展程度，这是商品经济与货币经济永远同时产生，并肩前进而又相互促进的原因所在。由此可知，楚国这套币值大小不一的货币制度，是完全为适应当时商业、商品经济的需要而产生的，反之又促进了二者的进一步发展。

图　春秋战国时期楚国蚁鼻钱

（二）精确的货币经济配套设施

黄金作为楚国的主币，是应其他各种货币“一越出国内流通领域，便失去了在这一领域内获得的价格标准、铸币、辅币和价值符号等地方形式”的局限性而产生。所以为适应更大范围的商业贸易和商品经济的发展需求，黄金作为无国界货币便应运而生。众所周知，作为贵金属的黄金具有分割不方便性，而要更好地执行货币的基本职能，必须要有精确的称量器具，才能适应经济发展的需要。

据现有考古材料，湖南长沙等地清理的两千余座楚墓中，出土有天平和砝码的有101座，其中长沙地区85座，常德地区9座，衡阳地区6座，株洲地区1座。湖南省博物馆原馆长高至喜先生据58常棉M25、M50，52长颜乙M35，S4长左M15和“钧益”砝码五组材料，称量取平均值得知，这种按大小依次减半的砝码已完全能胜任称量黄金的职能。所以权衡器为称量货币黄金的配套设施，是应商品经济的发展需求而产生的。

（三）严密的商业税收征管机构

商业作为社会经济结构的一个重要组成部分，是国家财政收入的主要来源之一。春秋战国时，各个诸侯国均有“关市之征”，即以不同的名称设立市官征收市税，在关上征收关税。

楚出土文物中有一批大府之器，包括大府敦、大府镐、大府铜牛、大府铜量等。《周礼·天官冢宰》云：“大府掌九贡、九赋、九功之贰。以受其货贿之入，颁其货于受藏之府，颁其贿于受用之府。”据以上记载可知大府为楚王室掌管收藏货物、宝器的国家一级财务机构。又由《鄂君启节》有关“如载马牛羊以出入关，则征于大府，毋征于关”的记载可知，大府兼有征税之职。据湖北省社会科学院副院长刘玉堂先生研究，楚国的商税主要有关税、市税和门税，负责征收关税的机构，上为“大府”——中央税收、财政机关，下为基层的征税机关——“关”。可见，楚国已建立了国家一级机构“大府”、地方一级机构“关”对商业进行统一管理，征取税收。这不仅顺应了历史的发展趋势和要求，而且为楚国积聚力量、增加赋税收入开辟了一个重要渠道，同时也反映了楚国商业及商品经济的繁荣。

（四）发达的内贸商路网络及规范的市场体系

商业要繁荣，商品经济要发展，必须有发达的交通线路和完善的市场体系。分两次出土的《鄂君启节》，共有三枚车节，两枚舟节。随着学术界对舟节、车节研究的深入，我们已初步获悉楚国的商贸网络体系。

据湖南省博物馆学术委员会原副主任刘彬徽先生研究，就交通线路而言，舟节有三条，即西北线、东线、西南线，范围大体包括今湖北全境，西北达湖北西北境与河南西南境；东达安徽、江西的长江两岸地区；西南到今湖南省境，最南达郴州。车节有一条线路，即在长江中游以北，汉水以北的江汉、江淮间，西至河南西南境与舟节线路连接，东至今安徽巢县地带，与东线舟节水路相接。由此可见，楚国国内交通线路可谓畅通无阻，将全国连成一个有机的市场整体。而且这几条水陆联营干道，均以郢都为商业基点。据《太平御览》记载："楚之郢都车挂毂，民摩肩，市路相交。号为朝衣新而暮衣弊"，又如"南阳西通武关，东南受汉、江、淮……业多贾"（《史记·货殖列传》）的宛城，"通鱼盐之货，其民多贾"的陈城和约有20万人口的寿春郢城等，这种城市往来车辆车轮相撞，行人擦肩而过，商贾云集的情景正反映了其市场的发达，也正是楚国商业繁荣的一个缩影。再从商队规模看，"屯三舟为一艢（舸），五十艢，岁冀返""车五十乘，岁翼返""如担徒，货二十担以当一车"，可见这是一支十分庞大的商队。

春秋战国时期城市的经济功能日益明显，改变了以往那种纯政治、军事职能的局面，商业市场的设置在城邑规划经营中也开始得到重要体现。城市消费功能增长，市规模扩大，进一步促使了楚国专业集市的形成。如《左传·宣公十四年》载，楚郢都有"蒲胥之市"；《庄子·外物》说楚有"枯鱼之肆"和"庸肆"；《韩诗外传》称楚有"屠羊之肆"等，而且设有专职管理市场的"市令"官职。以往都市那种"前朝后市"的建设模式被打破，如纪南城楚郢都的市便设在城市东部。

楚国国内交通网络的形成，城市的规模化及经济化，市场的一体化、规范化、专业化，正是其商业繁荣、商品经济迅速发展的一个重要标志。

（五）开阔的对外贸易往来

东周时期，楚国不仅形成了国内市场体系，而且与中原、岭南、西南邻邦各国有频繁的贸易往来。其中楚向中原输出的商品有矿产资源和林牧渔产品，输入的有齐鲁食盐、秦弓等日常生活用品；向岭南、西南输出的主要为手工业产品，输入的则为海产品和某些金属产品。此外，乌拉干河流域巴泽雷克地区还出土有一面“山”字纹铜镜和具有浓郁楚风格的丝织品、漆器，说明楚与当时北方境外诸国有贸易往来；楚与地中海沿岸国家和地区也建立了商贸关系。也就是说，在公元前5世纪以前，由我国内地取道云南通往缅甸、印度直至波斯湾、地中海沿岸国家的“西南丝路”古商道便已开通，其东线“庄蹻故道”已经存在，楚地出土的琉璃器便可资为证。

据化学测定，我国自制的战国西汉琉璃器属铅钡系统，古埃及和地中海沿岸国家出土的属钠钙系统。湖南湘乡牛形山M1、长沙近郊等楚墓出土了大量蜻蜓眼式玻璃珠。蜻蜓眼式纹饰在我国传统纹饰中不见，主要流行于埃及、地中海沿岸地区。而且，早在公元前1400年至公元前1350年便已出现。所以许多学者认为我国钠钙系统玻璃当来自西方，蜻蜓眼式纹饰当是受西方影响而成。如高至喜先生指出：“战国时中西交通应已开通，西方玻璃可能会输入我国。因此给中国仿制那种蜻蜓眼式的玻璃提供了条件。”我国著名学者、史学家史树青先生认为：“春秋战国时期，外国玻璃传入我国，虽未见文字记载，但从琉璃之得名，以及我国各地古代墓葬出土的与中亚、西亚出土的相同的琉璃珠（俗称蜻蜓眼式），说明曾有外国琉璃传入我国，是可以肯定的。”而且中亚、西亚及其他西方诸国近年考古发现了大量楚风格漆器，所以至少公元前4世纪末至公元前3世纪初以前，楚经滇池而连接西方的商道已开通则是不争的事实。

由此可见，春秋战国时期的楚国商业十分繁荣，商品经济得到快速发展并达到较高水平。同时，商贸交通又繁荣了国内市场，为吸收他国先进生产技术壮大自身力量，促进生产力发展提供了条件。

三、湖南商业文化的发展与繁荣

明清时期，由于外来人口大量迁入，土地得到充分开发，湖南进入了农业生产、手工业生产和矿业生产迅速发展的时期。随着农业、手工业和矿业的发展，商业也呈现出前所未有的景象。

（一）商品种类丰富多彩

一是农副产品成为商品。明代“一条鞭法”的推行，使几千年来的粟谷布帛之征，完全变成了货币之征，清代一直沿用此法。这样一来，农民的一切负担就完全货币化了，农民必须把农产品拿到市场上去卖掉，换回货币，用于征缴，这就加快了农产品的商品化。据粗略统计，湖南商品化的农副产品种类有31种，包括谷米、木材、油、麻等，其中谷米、茶、木材是湖南输出的大宗商品。二是手工业产品的商品化。明末清初，湖南手工业有了一定的发展，一些手工业产品除家庭自用外，仍有少部分多余产品拿到集市上去卖，自给自足的家庭手工业开始向商品性质的家庭手工业转化。据各地方志记载，成为商品化的手工业产品共有27种，其中以棉布、笔、伞、土纸、烟等手工业产品较为有名。虽然上述这些商品大部分仍是在本省农村集市和城镇集市上进行流通，但是湖南农副产品和手工业产品的商品化为湖南商业的繁荣创造了条件。此外，外省商品的输入使得湖南的商品更加丰富多彩，在一定程度上促进了湖南商品市场的繁荣。

（二）湖南异地商人队伍

明代至清前期湖南正处于开发阶段，地方上所聚多为外省客籍商人如山陕商人、广东商人、江苏商人、江西商人、徽州商人等。其中山陕商人在湖南主要从事长距离茶叶贩运贸易。清代，由于西北地区的统一，青海、新疆、宁夏地区的少数民族都需要茶叶，因而山陕商人赴湖南购运茶叶销往西北地区，史载："湖南安化产茶由来已久，宋神宗熙宁五年，章惇开辟梅山，置安化县。时梅山烟岚万叠，崖谷间自生野茶，且品质甲于诸州邑。旋设茶场于资上，而邑民于四五六月青黄不接之际，全赖市茶运米于宝庆、益阳间为生……万历年间，于桥口创制黑茶，是为安化制黑茶之始。清初茶业日兴，陕甘两省茶商领引来安采办者甚多。"

广东商人同山陕商人一样，在湖南也主要是从事长距离贩运贸易，他们从广东运来盐、糖和洋货，从湖南运走全国各地集中于湘潭的丝、茶和湖南所产大米。这一点容闳在《西学东渐记》中已有记载，"凡外国运来货物，至广东上岸后，必先集于湘潭，由湘潭分运至内地""中国丝茶之运往外国者，必先在湘潭装箱，然后再运广东放洋"。

在湖南从事远距离贩运的商人还有著名的江苏洞庭商人和安徽的徽州商人。洞庭商人主要经营米、布贸易。徽州商人主要经营盐、木材、大米，他们从扬州盐场运来食盐，从湖南运走大米。据《清朝文献通考》卷三十五记载，盐商黄德光曾奏请领运湖广常平仓积压陈粮30万石，随时随地发卖。

江西商人与前述商人不同的是，他们主要从事坐店经商活动。地处南北要冲的长沙、衡阳商贾汇集，“江西人尤多”，地处湘黔边境的洪江也有大量江西商人，湘潭更是江西商人的天下，据《湘潭县志》卷十一《货殖》记载：清初三藩之乱后，湘潭城内土著无几，而“豫章之商”竟占到“十之八九”。

清前期，湖南各州县地方大多皆有数量不等的地方商人，但是他们的资本规模较小，经营范围大多只是局限于地方小市场和区域市场之内。如岳州府巴陵县，虽然据地方志记载：“岳俗虽无大商，然多走川贵以营利者。”但实际上，大部分的巴陵商人主要还是在府城以及县境范围内从事诸如粮食、棉布等居间贸易和短距离贩运。如湘水流域的湘中长沙府湘潭县，清前期地方商人也较具规模。但从现存的资料记载观之，湘潭商人的主要经营活动似乎多局限于本地市场。

同时，湖南人赴外省从事贩运和开号设店经商的也不少，他们大部分是以毗邻的广西、云南、四川和水运便利的江苏为主。在广西邻近湖南的桂林、平乐府等地，湖南商人“自湖南贩苏木、铁条等杂货至桂省”，然后又“自桂林贩棉花、白糖等杂货至湖南”。在云南，湖南商人的经营活动多与铜、锡等矿产资源的开发以及矿产地的商业贸易关系密切。湖南商人在四川的经营活动主要分布于当时一些重要工商业城镇，如重庆等地。清嘉庆年间（1796—1820 年），重庆城内有领帖牙行 109 家，其中大部分为客居重庆的外省籍商贾。而在这 109 家牙行中，湖广籍商贾在布、山货、麻、猪、酒等 11 个行业中，领有牙帖 43 张，居诸外省籍商贾之首。湖南商人赴江苏主要从事商品粮的贩运，据楚商自称“向或自船自本，贩米苏买。或揽写客载运货来苏。是米济民食，货利国用。苏省之流通，全赖楚船之转运”。可见，这时湖南商人已利用就地取货的优势，加入粮食贸易的行列，成为一支值得注意的地方商人队伍。

不可否认，湖南商人广泛地参与全国各地的商业活动，极大地促进了湖南商品的流通，同时，湖南商人在对外商业往来中也为自身积累了大量财富，他们直接或间接地推动了湖南商业的发展。

（三）知名行业与商业中心

清前期湖南各地商业获得了发展，除传统的墟场定期交易外，在一些交通口岸、要冲，形成了长沙、湘潭、衡阳、郴州、常德、岳州等一些颇为繁荣的商业中心。

长沙，清康熙三年（1664 年）始置湖南省，即成省会；长沙城外，雍正四年（1726 年），有粮食、鱼、煤炭、白炭等牙行 35 户；乾隆三十七年（1772 年），城外各市镇共有门摊 189 户。长沙也是外省客商云集之地，《清顺治朝实录》记载："秋冬之交，淮商载盐而来，载米而去；其贩卖皮币金玉玩好，列肆盈廛，则皆江苏、山陕、豫章、粤省之客商也。"

湘潭在明末已形成商埠，不仅湘东、湘南产品来此集散，粤、桂、滇、黔等省货物去西北者，亦多经"沅湘"而聚集湘潭。清嘉庆、道光年间，湘潭"城厢内外，市面大兴"，商贾分为闽、粤、苏、浙、湘、赣、豫七帮，这时湘潭富甲全省，有"金湘潭"之美称。

衡阳，清康熙末年已成为有名的商业码头，据《衡阳县志》卷十一《货殖》（清同治十三年刻本）记载："长沙未设巡抚布政使时，商贾皆主衡州，以通广西，书坊墨栈以长沙为子店，至今仍之。"

郴州，地近粤省，至嘉庆年间商业亦有相当发展，据《湘潭县志》卷三十九（清嘉庆刻本）记载："郴地南通交广，北达湖湘，为往来经商拨运之所。"

常德位于沅江下游，洞庭湖南湖西部。历为湘西重要门户，物货集散枢纽。据嘉庆《常德府志》卷十三《风俗考》记载："大江啮城，舳舻帆楫，时相上下，商贾所聚，百货辏集，人语欢声，辄喧午夜……旧称鱼米之乡，良有以也。境内产鱼米，油茶为最。"

津市地处澧水下游，洞庭湖西北岸，境内澧、澹、涔、道四水汇合，四周与澧县接壤。明代中叶，津市市场初具规模。万历年间，已是千户之聚。清中期，津市的河街已是"舳舻蚁集，商贾云臻，连阁千里，炊烟万户"。

商业市镇的繁荣是同商业的兴盛分不开的，清前期在省内一些商业市镇就形成了一些比较著名的商业行业，如湘潭的药业，长沙的米粮业，衡阳的烟草业，常德、津市的木材业、桐油业。

清代前期，长沙、衡阳、湘潭、郴州、常德、津市等城镇分别成为省境东、西、南、北、中的区域商业中心。各类货物云集，牙行铺栈林立，湖南各地商人及山陕商人、江苏商人、江西商人、广东商人、安徽商人往来其间，湖南商业初具规模。

清代前中期湖南商业的发展活跃了湖南的地方经济，加速了湖南商品的流通，带动并促进了湖南金融业的发展，从而为湖南资本主义的萌芽创造了一定的条件。

第三节 湘商发展轨迹

一、古代湘商风云

湖湘商人，古皆有之，他们在各个行业为湖湘大地的经济社会发展做出了贡献。

（一）巴陵口岸的商贾

巴陵因其濒临洞庭、长沙，是湖南北面的重要门户和沟通东南苏杭一带的枢纽。晋武帝太康元年（280 年）建立巴陵县。南朝宋元嘉十年（433 年）置巴陵郡。隋开皇十一年（591 年），改巴州为岳州。

《旧五代史·梁书》太祖纪之四，记荆湘湖南北在岳州讨伐江淮之敌时，述岳州（巴陵）之地况曰："是月壬戌，岳州为淮贼所据。帝以此郡五岭、三湘水陆会合之地，委输商贾，靡不由斯，遂令荆湘湖南北举舟师同力致讨。王师既集，淮夷毁壁焚郛而遁。"

后梁太祖开平元年（907 年），马殷受封为楚王，据湖南。他利用楚国产茶多的特点，提倡种茶，让农民自采茶叶卖给北方商客，官收茶税。每年向梁太祖贡茶 25 万斤，换卖茶权。梁许其在汴、荆、襄、唐、郢、复等州设茶商店，运茶到黄河南北交换衣料和战马，获利十倍。马殷免收商税，以招徕四方商贾，同时兴修水利，发展农业，宽松商业，水上舟船"南抵柳、连，北通江汉"，"以本土所余之物，易天下百货"，其时不乏泛海而至的波斯商人。

清代的岳州府辖四县：巴陵县、华容县、平江县、临湘县。岳州府商人中以巴陵商人最为有名。巴陵产棉布，虽然清代前期以洞庭商人为主的苏州商人几乎垄断了当地棉布的销售业务，但仍有为数不少的本地布商。巴陵也产米，本地米贩"秋后肩挑步担，入城贩运谷米，市人谓之贩子"。加上"北通巫峡，南极潇湘"的便捷的水运优势，巴陵县城成为重要的米谷集散地。岳州府民以"渔舟为业者十之四五"，巴陵人以渔为生的尤多。"滨湖河泊，煸山苗洋等所，水居之民""多以网罟为业，……有钓艇，有篷船”。他们“娶妻生子，俱不上岸”，终生从事捞鱼贩虾的行当。而那些无业之民，“往往远去川陕庸工”。

1899 年，清政府开辟岳州为通商口岸。

（二）沅陵驿道的商旅

2012 年，沅陵县文物管理所工作人员在该县马底驿乡发现一段宽 3.5 米、长约 800 米的古驿道，经考证建于元朝初年，距今 700 余年。它见证了当时沅陵交通的发达。

马底驿乡自古就是滇黔古驿道的一部分，其乡名由古驿道所设“驿、塘、铺”中的“驿”而来（六十里为一驿），延续至今。当时古驿道上至昆明、下达京都，是元朝初年修建的连通内地与西南边陲的重要驿道。据介绍，马底驿一直是周边商品聚集地，茶叶、木材、农产品等交易频繁。

这条古驿道，曾留下湘商与东南亚缅甸的商贸往来之迹。

《清史稿·列传》卷三百十五载：“自波龙迤东有茂隆厂，亦产银。乾隆十年，葫芦酋长以厂献，遂为内地属，然其地与缅犬牙相错。十八年，厂长吴尚贤思挟缅自重，说缅人贡，缅酋麻哈祖乃以驯象、涂金塔遣使叩关，……帝下礼部议，如他属国

图　沅陵县马底驿古驿道

入贡例。”

清乾隆年间，刑部右侍郎王昶自云南视察回京，《雷鸿再录》记曰：“八月十一日，过冷水塘，是沅州芷江县境也。是时，湖南闻缅贡将至，灯棚戏馆，陈设甚盛。”

林则徐一生曾三涉沅水。清嘉庆二十四年（1819年）秋天，林则徐任云南主考官赴滇，抵达马底驿时，缅甸伴送贡象之员，亦于是日抵达。因行馆逼狭，沅陵县令张时庵劝其入城住县衙中。林则徐在沅陵县衙住了两日，待浩浩荡荡的缅甸进贡队伍从县城经过，方从县衙启程。

（三）西京古道的商贩

由湖南进入广东，需要翻越南岭，经郴州有两条古道：一条是从郴州出宜章到达广东坪石，被称为“九十里官道”；另一条是从郴州出临武到达广东连州，被称为“西京古道”。史料记载显示，早在两千多年前的汉武帝时期，西京古道就是岭南各地通往京城的必经之路。“一骑红尘妃子笑，无人知是荔枝来”，杨贵妃爱吃的荔枝，即在这条古道上，从岭南运到长安。

郴州小埠村是湘粤古道上的重要节点。当地村民曾纷纷加入马帮、挑夫的行列，从事驮货行商贩卖的职业。有一首描述小埠盐商贩盐艰辛之民谣：“可怜可怜真可怜，可怜哥哥去挑盐。扁担当得摇钱树，油箩当得早禾田。走了好多冤枉路，喊了好多老板娘。吃了多少糙子米，睡了好多冒脚床。”他们靠着出卖苦力积累财富，只能“扁担当得摇钱树”“油箩当得早禾田”。

（四）靖州侗寨的商人

靖州岩脚驿道是始建于明清时期的一条重要驿道。该驿道是“南方丝绸之路”的重要分支——湘黔古道和湘桂古道的交会点，连接了湘黔和湘桂古商道而成为黔桂古道网络的一部分，南接越南，与南方海上丝绸之路联系起来，其在靖州境内全长70余公里，后经历史变迁，目前还存余20余公里，其中保存最完好的一段位于该县岩脚侗寨之中。岩脚侗寨内保存完整的驿道全长约6公里，宽约1.5米，全用青石板铺就而成。驿道穿寨而过，沿山而上，向西而行，直至通道侗族自治县境内。

《靖州乡土志》曰：明朝建立之后，在对南方少数民族地区实行土司制度的羁縻统治的同时，积极推行土流合治以引入汉文化；派遣大量军屯、民屯；并大量修建驿道，加强少数民族地区与中原地区的联系。这条古驿道就是在当时的西部大开发的背景下修建的。因地理位置独特，岩脚侗寨成为黔桂古道上商旅歇脚、物资交易的一个重要节点，岩脚侗寨由此逐渐变得繁华，在清乾隆、嘉庆时期达到鼎盛，其时寨内有360多户，人口千余人，旅店、酒肆等业生意兴隆。

图 靖州县岩脚侗寨古驿道

二、近代湘商灵魂

近代湖湘商人在长期经商历程中，既继承了融合儒、释、道三教三位一体的理学思想精髓，又将“心怀天下”的报国情怀与“气化日新”的进取精神等渗透到整个湘商的精神世界，成为他们的灵魂。

（一）理实一体的商业理念

一是心怀天下，报效国家。近代以来，湖湘业贾之人众多，他们“贾为厚利”，拥资百万。甲午战争后，在陈宝箴、谭嗣同、熊希龄等一批湖湘开明官绅的影响与倡导下，商人阶层逐渐改变了“在商言商”不问政事的态度，纷纷投资实业，兴办厂矿，以期振兴实业，壮大国力。20世纪初，湘阴人范旭东，本着“实业救国”理想，先后创办久大精盐公司、永利化学公司碱厂、永利化学公司锤厂，成为中国重化工业的奠基人。范旭东病逝时毛泽东主席亲笔书写了“工业先导，功在中华”的挽幛。

二是勤劳勇敢，敢于拼搏。殷勤是湘商对待商业的基本态度，即勤奋经商、勤劳致富，同时，湖湘文化中“敢为天下先”的进取意识赋予了湘商敢于拼搏、敢于冒险的商业伦理精神。《嘉庆龙山县志》记载，龙山有本地商人，即“机行布商”。嘉庆年间，“各村市有机行布，皆机工织之。无论城乡妇女，四时皆业纺，半夜不辍”。而《资江号子》歌中就有这样一段：“船打滩心人不悔，艄公葬水不怨天。舍下血肉喂鱼肚，折落骨头再撑船。”

图　资江放排

三是恪守信用、遵守承诺。讲信义是湖湘商人伦理人格的重要特征，他们也因守信而受到商业同行的尊敬，不仅获得了大量资金，还扩大了商品销路。清代安化黑茶最盛时期，产销达 2000 引之巨（合 8952 吨）。晋、陕、甘、鄂、湘等地茶商纷纷到安化经营茶叶，致使安化境内茶行、茶号盛达 300 余家，形成了“茶市斯为最，人烟两岸稠”的繁华景象。

四是先义后利、义利相通。湘商在做买卖时，遵守仁义道德，保持业行高洁，不唯利是图，而是“以义获利”、因义生财。乾隆中期，衡阳船商刘汉典，“挽舟夔巫”，运送山货，“见霜中稻青青，收种以归，散诸其乡，至今赖其利”。到嘉庆年间，衡阳不仅有“大半不越本邑”的土著逐末者，还出现了“四方辐辏”的富商大贾，“所运菽粟布帛，足城乡之用”。光绪二十三年（1897 年），市民议开城北河埠，富商兵昌琳出六万金潘浏阳河，十载功未有就，又费七万金，前后达十三万之巨，终使浏阳河浚通。

图 “义重于金”门联

（二）独树一帜的经营艺术

一是诚实经营，塑造品牌。湘商视商誉为命根，坚持信用第一，宁赔本也不玷污商号招牌。传说，长沙“九芝堂”药铺曾从北方购进黄芪，由于旱路不通，不得不改以水路，等船摇到长沙时，黄芪因受潮而长霉。那时候九芝堂正值资金十分紧张的时期，而且，发霉的黄芪也未严重影响其药性。但九芝堂经理命令：“药者当付全力，医者当问良心！发了霉的东西怎么能卖给别人呢？全都烧了！”

二是重视信息，灵活营销。湘商非常重视通过各种渠道了解市场信息、各地物资余缺及其他影响经营的因素。晚清时期，长沙人魏鹤林赴扬州、苏州一带调查盐业，赴陕西泾阳调查黑茶销场。随后在长沙朝阳巷创设粮栈，取名“魏德裕”。不久，魏鹤林将祖遗田产卖出三千石，专事盐茶业务，并将魏德裕栈改为茶、盐、粮食总栈。次年又租他人盐票二十余张，经营德裕盐号，在汉口、扬州设立号庄，又在安化设德裕茶庄，在汉口、泾阳等处设立分庄。

三是服务周到，注重细节。湘商以服务周到和注重细节赢得客户的信赖，并将此作为扩大营业额，增加利润的办法。如创办于1853年的长沙利生盐号规定，凡在柜上成交金额一元以上者，即由学徒送烟倒茶；凡挑担购盐者，即请内堂招待茶烟。店员洽谈生意，如对农民，应先询问农事，以示关心，使其有亲切之感。顾客中倘是用箩筐散装食盐的，则为他将箩筐扫净，再以荷叶铺底，装盐之后，面上还要用荷叶盖好。

四是组织会馆，保护商利。湖湘商人客居他乡，为发展生意、交流信息、联络情感而修建湖南会馆，并通过会馆进行自我管理、自我约束。在全国各主要城市，湘商均修建会馆，定期和不定期聚会，商量会事，制定行规，处理商务纠纷等。南京的湖南会馆位于南京钓鱼台，为晚清客居南京的湘籍商人和各界人士聚会之所，是当时“金陵各省会馆中之最大者”。

（三）全面高效的企业管理

一是全过程的质量管理。岳阳的戴同兴南货号在对酱油制作工艺方面规定，一桌配料为六担黄豆、六百斤面粉、二百斤盐，这叫底缸下作，年初配齐，翌年开缸。酱制品中有黄豆酱、豌豆酱等。酱菜类有甜酱菜、咸酱菜，其中京冬菜、雪里蕻为上等，品质与“周德馨”“王万裕”酱园的产品不分上下。在商品包装方面，要求外观周正严实，轮廓分明，丢掷不散。店内财务日清月结，原料成品每天出入过秤，进行单项品种成本核算。

二是大力倡扬技术创新。1866 年，“晚清中兴四大名臣”之一、湘阴县人左宗棠创立了福州船政局，技术力量强，有一批掌握了船舶设计制造的技术和管理人员。船政设十三个主副车间，车、刨、钻、旋等机械一应俱全。配套仪器数十种，并拥有全国最大的造船石坞。英国人参观后感叹：“这个船厂和外国任何其他造船厂并没有多少区别。”

三是重视人才培养选拔。衡帮的王玉衡在经营九河沅的 30 年中培训学徒 72 人，且大都有一定的经营才干。福茂的刘焕庭常与学徒扮演买方与卖方，故意挑剔商品缺点，要求学徒做出解答。每年农历正月，常德聂振茂药号柜上管事的聚集密议人员去留，留者的薪俸和福利比同行业的要高 50% 以上。优秀人才也会得到应有的提拔重用，例如利生盐号的经理宁兆永、危棣苏、肖栋材等就是从学徒提拔上来的。

（四）与时俱进的商业店铺

近代湖湘的商业建筑以其巨大的形体和严密的结构表现了一定时代湘商的精神风貌和情绪、观念，同时，凝聚了商业经营者的审美情趣和独特思考。

清朝时期的商业建筑，多为沿用中国传统技艺方法营建，大致分为公馆型和当街型两种类型。“公馆型”商店为砖石墙壁，黑漆木制大门，进大门正中有香案财神，条屏书画，厅上方摆茶几靠椅，陈设富丽堂皇。这类店铺一般以经营金银首饰、银行钱庄、绸缎布匹、中药等为主。“当街型”商店的铺房全部裸露，入夜时用木板嵌合关闭。当街店铺比较注重地理方位，多选择交通方便或人烟稠密处，有的招牌用横幅悬挂于街心，或用布帘竖挂，有的干脆把红木招牌矗立于人行道上，称为“坐牌”，还有的则直接竖一面大旗，上书“茶”“酒”“当”等字样。

20 世纪初，外国殖民者在长沙争相圈地，大兴土木营建领事馆、洋行、商店等西式建筑，这类建筑大部分是资本主义各国在殖民地国家所采用的本国同类建筑的“再版”，主要有券廊式建筑和欧洲古典式建筑。券廊式建筑采用砖木混合结构，当时长沙的洋行、商店和仓库均采用此结构。欧洲古典式建筑构图简洁，几何性强，轴线明确，主次有序，完整而统一，给纪念性、公共性建筑以壮丽的形象。清末民初长沙城中商店、学堂、银行乃至富家巨室的房屋建筑都趋于模仿洋式。八角亭、红牌楼一带的大型店铺天自福绸布庄、逢源厂广货店等均扩大门面，大肆修饰，仿上海时新式样，安装大型玻璃宝笼橱窗陈列样品，五光十色。

图　湖南国货陈列馆

1932 年，湖南省国货陈列馆在长沙中山路落成并正式开业，成为旧长沙新型商业建筑的首创。国货陈列馆高 13 丈，共 8 层，营业面积 3000 平方米，修建历时四年，耗资 20 余万元，成为轰动全城的三大建设（国货陈列馆、中山马路、木炭汽车）之首。

三、现代湘商传奇

中华人民共和国成立后，湖南人才在经济建设中做出了突出贡献，具有崭新风貌的新一代经济人才正在崛起。

（一）建国时期的实业家

范旭东，祖籍湖南湘阴，生于长沙，中国化工实业家，中国重化学工业的奠基人。李烛尘在范旭东1945年逝世后继任永利制碱公司副总经理、久大盐业公司总经理，1957年任国家食品工业部长，继任轻工业部长，为我国的化工、食品、轻工的发展做出过令人叹服的贡献。李国钦发明了汉字“钨”，掀开了我国矿业史上新的一页，为世界军工生产做出了重大贡献，成为国际军工原料巨商。孟少农是新中国汽车工业的创始人之一、著名的汽车设计制造专家，1938年试制的中国第一辆东风牌小汽车、1959年红旗牌高级轿车成功面世、20世纪70年代东风牌汽车驰名全国，都与他的名字分不开。中国羽绒工业创始人丁鹏翥，经营羽绒业30年，对中国羽绒工业的初创提出了创造性的意见和技术方案。著名实业家唐伯球，对钨矿、铅锌矿的开采和湖南纺纱业的发展，功不可没。

（二）新时代的新湘商

改革开放以来，一批科技与经济复合型的实业家和新一代湘商，已在湖南、中国和国际舞台崭露头角，他们的才华和业绩被世人关注。办企业者已不是小打小闹的小业主，经商者已不是挑担子、摆摊子、开铺子的小商小贩。从大江南北到西欧北美，到处都可以看到湖南人的身影。

科技智能型实业家有：电视湘军领军人物魏文彬和欧阳常林，出版湘军领军人物龚曙光，宏梦卡通传播有限公司董事长王宏，三辰卡通集团有限公司董事长孙文华，湖南御家汇科技有限公司董事长戴跃锋等。

实体经济方面的代表人物有：三一重工股份有限公司董事长梁稳根，中联重科股份有限公司董事长詹纯新，山河智能机械股份有限公司董事长何清华，新华联集团董事长兼总裁傅军，远大科技集团董事长张跃，创智集团董事长丁亮，华菱钢铁集团有限公司董事长李效伟，长丰集团有限公司董事长李建新，梦洁集团董事长姜天武，九芝堂股份有限公司董事长余克建。

从事商务和旅游活动的有：友谊阿波罗股份有限公司董事长胡子敬，通程股份有限公司董事长周兆达，老百姓大药房连锁有限公司董事长谢子龙，天下凤凰文化传播有限公司董事长叶文智，开源置业集团有限公司董事长罗可大。

这一时期，湘商发展呈现出的一个重要特点就是商会的建立与湘商的抱团发展。在湖南省经协办的推动下，湖南异地商会会长年会先后在长沙、三亚、重庆、昆明、厦门、南京等地召开。湖南异地商会联合会构建了由华北协作区、东北协作区、华东协作区、华中协作区、华南协作区、西南协作区、西北协作区、长沙协作区、境外协作区组成的商会网络。目前，国内外有湖南异地商会200多家，拥有会员企业6万多家，资产总额过万亿元，联系工商界人士60多万人，吸纳社会就业600多万人，直接投资和招商投资超过千亿元。详细内容在后面章节将具体讲述。

湖南的未来需要大家巨匠，只有兼收并蓄，贯通今古，融合中西，才能培养造就新一代的大家巨匠。面对经济全球化和文化多元化的挑战，三湘大地这块热土一定能够造就熔铸世界文明于一炉的新一代湘商，带“湘字号”的经济巨子和名商巨贾，必将适时而生、乘势而起。

思政沙龙

1. 查阅清朝时期湖湘文化文献，分析当时湖湘文化对湘商文化的影响。

2. 查阅楚国内贸商路网络相关文献，说说畅通的商路对湖湘商人经济活动的积极作用。

3. 查阅现代湘商实业家资料，思考新时代湘商各行业领军人物的社会影响和对商会发展的促进作用。

拓展训练

1. 以“楚国货币”为题，收集整理有关楚国货币的图片资料并进行展出。

2. 收集“朱张会讲”的相关资料，制作成图文并茂的PPT。

第二章　湘商精神

经过两千余年的磨砺，湖南大地自清朝道光年间迎来“惟楚有材，于斯为盛”的历史奇观和荣耀。湖湘文化以其特有的遗传基因，在“天崩地裂”的时势大潮中焕发出令人炫目的光彩，影响乃至左右了中国近百年来的历史进程。

作为在湖湘文化滋育下成长起来的商业群体，湘商有着与湖湘文化一脉相承的商业精神。湘商不是一夜蹿红，而是在漫长的发展过程中，他们深得宋明以来程朱理学思想之精髓，通变革新、守道救世，在表层面相和具体情境之下，构筑起自己的商业大厦和精神世界。

《湘商宣言》曰，湖湘文化优良传统乃是“心忧天下、敢为人先、经世致用、兼容并蓄、实事求是”。“心忧天下”，意味着湘商须承担更大的社会责任；“敢为人先”，意味着湘商须拥有更多的创新能力；“经世致用”，意味着湘商须开拓更广阔的务实空间；“兼容并蓄”，意味着湘商须有和谐共存的理念；“实事求是”，意味着湘商须具备诚信为本的意识……如果对湘商的历史进行纵向的梳理，我们可以发现这些精神在不同历史时期的湘商身上闪耀。

第一节　心忧天下的社会责任

一、山川滋孕的湖湘忧患意识

（一）“三山”滋养的忧思性格

湖南的地形东西南三面环山，对北敞开。冬季，凛冽的西伯利亚寒潮滚滚南下，长驱直入湖南全境，达南岭的脚下郴州永州一线，被阻于南岭；夏季，南方的阳光烈日加上湘北洞庭湖大水面的蒸发，使三湘大地热气郁积而不得散发，致使盛夏酷暑可达 41 摄氏度，夜晚的气温仍可高达 33 摄氏度。而春秋两季来临时，三湘大地时而受西北的冷锋控制，时而受西南暖湿气流的影响，故气候多变，时晴时雨，骤冷骤热。因此，尽管湖南号称鱼米之乡，自古却属于居住条件恶劣的蛮荒之地，以至于贾谊被分配到长沙作王太傅之后，便自视为流放而痛苦早逝。汉代以后，湖南逐步开发，虽然成了鱼米之乡和粮仓，但三湘人民祖祖辈辈所感受到的气候的恶劣，冬寒夏暑，春秋两季变化无常，培养了湖南人认同天道变化无常、忧患四时的性格。

“但与囿闭相异，湖湘之人宏识孤怀，涵今茹古。有独立自由之思想，有坚韧不磨之志节，义以淑群，行必厉己”（钱基博：《近百年湖南学风》，岳麓书社 1985 年版）。地理不及吴越，交通也不如齐鲁便利，但湖湘文化始成，它孕育了湘人因循侠义精神，四围不张而孕通经明道之学，层峦桎梏而育忧乐名高之人。

（二）“四水”孕育的忧思情怀

湖南坐落于洞庭湖以南，自古“楚国南郢之邑，沅湘之间”（王逸），流淌着湘、资、沅、澧四水，水系发达而自然环境良好。湖南多雨且空气潮湿，长期生活其中的民族会形成一种善感、内秀的心理状况。《老子》说：“上善若水，水善利万物而不争，处众人之所恶，故几于道。”水的品质与人性之善是相通的。生活在其中的民族长期与水打交道便形成了一种细腻、善感、心忧天下的心理特征，沐浴在这种“水氛囤”和“水文化”中，便获得了一种全新的感受。他们的精神得以升华与超越，是“水文化”的滋润和催化激发了湘人忧国忧民、心忧天下的伟大情操。

湖湘先民，被津津称道为“南蛮人也”。传习蛮夷习气，然攸宜才性，深究格致之学，竟至湖湘文化之根脉。“湘山负其背，文水萦其前，静深清旷，真士子修习精庐之地”（胡宏《与秦桧之书》），形成的岳麓学派“无所依傍，浩然独往，不知宇宙之圻埒”。盖湖南人才辈出，功业之盛，巍巍然有经世志，唯忧思情怀也。

二、勇于担当的社会责任

（一）一脉相承的爱国传统

作为中国人文精神的忧患意识，也是湖湘文化的优秀传统。从先秦的源流到近代的浪潮，我们可以看到这一传统流传的清晰脉络。

屈原首发其端。“屈原放逐，乃赋《离骚》”“长太息以掩涕兮，哀民生之多艰”。贾谊贬谪长沙，成为逐臣，无法实现自己治国平天下的政治抱负，于33岁的英年抑郁而亡，其为屈原忧患意识和悲悯精神的直接承继者。

以“布衣忧国”自命的诗圣杜甫，一生遭遇乱离，颠沛流离，饥寒交迫，却不忘忧国忧民，“穷年忧黎元，叹息肠内热”。杜甫晚年漂泊并病逝在湖南，洞庭湖畔、岳阳楼头、衡岳湘水之间都留下了他忧国忧时的诗章。“去国怀乡”“感极而悲”的范仲淹在岳阳楼上抒发的千古绝唱“先天下之忧而忧，后天下之乐而乐”，是中国传统知识分子忧患意识和自觉精神的升华。

深受程朱理学影响的湖人有“为生民立命，为天地立心”的大志向，“我本楚狂人，凤歌笑孔丘”（李白《庐山谣寄庐侍御虚舟》）的文化性格。从曾国藩的“倚天照海花无数，流水高山心自知”，到左宗棠的“身无半亩，心忧天下”，湖湘人文风貌中人格之矛盾，源于仰望星空的欲望与自身闭塞所形成的差异。“不为圣贤，便做禽兽”（曾国藩《求阙日记》）的处世观点，使得湖湘人在一开始便树立经纬天下，要为人先的宏图伟志，这种志气的产生并不受外界因素的干扰。尽管曾国藩在早期的抵制洪杨战役中“屡败屡战，屡战屡败”，但是正是这种志向之高远与现实之压抑，激发了湖人“勇敢尚武”的意识。因此，在湖湘文化的精神中，有一种被胡适之先生称之为“蝗虫渡河”的倔强，这种为天地立心的意愿，打破湖湘地域的郁闭与人心的稇塞，是湘人孜孜以求的愿望，这是晚清爱国思潮在湖南兴起并风靡全国的客观因素之一。

（二）舍利取义的社会担当

生于“屈贾之乡”，湖湘文化的深沉忧患意识以及对天下国家的责任和担当，成为湖湘人士成长的精神土壤。既为这种文化精神所熏习浸润，一生事业也必与此紧密相关。

湘商之区别于中国其他商帮，在于它的文化性格，从来都只将商业实体当作起点，当作台阶。但它的追求，最后都超越了起点，而站到了更高的一层。

商业之利，社会之义，到了湖南土地，被鼓捣出一番新花样。

自古以来，利与义，有融合，有冲突。孔子倡导：君子喻于义，小人喻于利。孟子是“何必曰利？唯有仁义而已”，鼓励人民舍生取义。

我们已经知道，湖南民间以屈原为代表的南楚文化与孔子为代表的儒家文化不断冲突融合，中原文化的“文雅”与焚苗文化的“质朴”这两大基因结合，构成的湖湘文化首先是实干文化、功利文化。作为经世派的代表，湘商将全部起点都落在经世致用上，但最终都无不超越了利，他们都只是将利作为垫脚石，落脚点都在“义”：身无分文、心忧天下、义薄云天。因此，我们会发现湘商在发展中或者到了一定规模后，都是积极投身社会公益，为民生造福谋利。

取利为义，舍利求义、利存于义，这是五千年湘商独特的义利观。它在商业文化中自然而然地发展成了一种社会责任的担当。

近代，魏源在《海国图志》中主张“师夷长技以制夷”，继承了湖湘文化“以天下为己任”的爱国主义传统。安化人陶澍，为官期间，冒着政治生命和肉体生命的风险，除恶安民，抗灾救灾，兴修水利，整顿财政，治理漕运，倡办海运，革新盐政，整治治安，以达到“利国、利民、利商”和“众善”的目标。即使被垄断利益阶级逼到了你死我活的地步，他依然本着爱国爱民的社会责任，为天下百姓谋利。

从鸦片战争前后到戊戌维新运动，清王朝已从盛世转向衰落，官场黑暗，财政拮据，危机四伏，大厦将倾。而西方资本主义乘虚而入，向海外寻找殖民地的触角已伸向湖南。严峻的国际国内形势，唤起了湖南知识界的社会责任感和民族危机感。一大批湘籍和在湘为官的经世派人物，怀着强烈的忧患意识，萌发了向西方学习的意识，主张引进西方的科学技术和贸易方式，为我所用，以求达到“通工商之业，立富强之基”的目的。

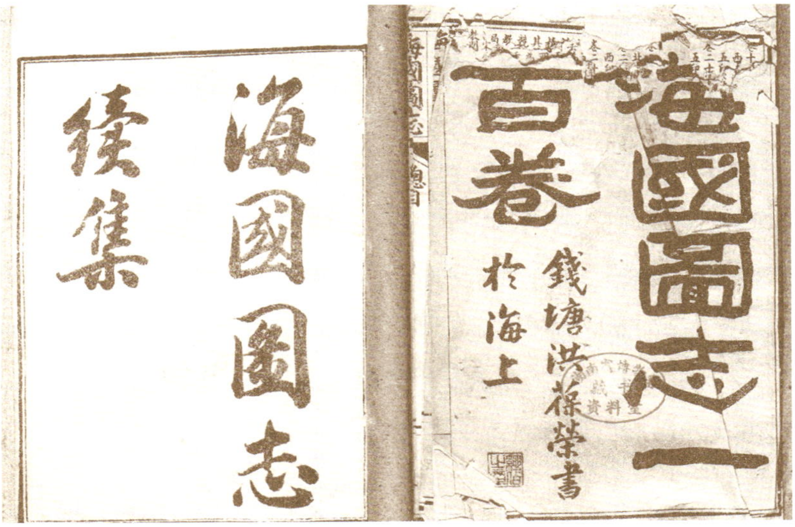

图 魏源著《海国图志》书影

郭嵩焘极力主张发展民营、商办工矿企业。对于开矿，他说：“天地自然之利，百姓皆能经营，不必官为督率。若经由官开采，则将夺民业，烦扰百端，百姓岂能顺从？而在官者之烦费，又不知所纪极，为利无几。而所损耗必愈多。若乃督民为之，则亦百姓之利而已，国家何恃以为富强之基乎！……国于天地，必有与立，亦岂有百姓困穷，而国家自求富强之理。今言富强者，一视为国家本计。与百姓无与，抑不知西洋之富，专在民不在国家也。”（郭嵩焘：《与友人论仿行西法》《养知书屋遗集·文集》卷十三，第 38—39 页）对于办铁路，他认为：汽轮车（火车）者，有事则征兵转饷，莫之或阻，无事以通商贾之有无，非能专以国家之力任也。（郭嵩焘：《郭嵩焘诗文集》，岳麓书社 1984 年版，第 555 页）

1917 年天津水灾，导致民间瘟疫流行，饥寒交迫，饿殍遍野，流离失所。时任内阁总理的熊希龄义无反顾，在实业救国之外，再选择一条崭新的路：济民救亡。他不但呼吁全社会为灾民捐款捐物，还身体力行，进行捐助，将家存的旧衣改缝了 100 套棉衣，并捐款 500 多元，而当时政府只拿出 50 多万的赈灾款。熊希龄还发起了“以工代赈”以及各种办法保护春耕，挽救了五百多万灾民的性命。灾后，他先设立慈幼局收养灾民子女计 1000 多人，后又设立永久性慈善教育机构——香山慈幼院。

被誉为“中国首善”的娄底人余彭年一生乐善好施，善行不胜枚举。1958 年他到香港后，两手空空从勤杂工开始艰苦创业，几十年中主要从事地产建筑、酒店业，最终成为工商界亿万富翁，在港台地区工商业中颇负盛名。从 20 世纪 80 年代起，余彭年开始从事慈善捐赠，后辞去酒店董事长职务，成为专职慈善家。余彭年的捐赠全部用于白内障病人的复明手术，即“彭年光明行动”。他将自己投资近 20 亿元兴建的深圳彭年广场和五星级深圳彭年酒店的经营所得永久捐献给中国科技、教育和社会福利事业，全部财产不留给后人。在轰动世界的“巴比慈善晚宴”中国行中，余彭年现场宣布将所有财产共 93 亿元港币委托香港汇丰银行托管，在他百年后全部用来做慈善事业，成为中国“裸捐”第一人。“儿子不如我，留钱做什么？儿子强于我，留钱做什么？”年事已高的余彭年早已想好了百年以后的事情，他不要接班人，他的资产只与慈善有关，没有后顾之忧的老人家将全部精力放在了慈善上面。

成立于 2003 年的湖南晟通科技集团，是我国三大具备完整铝产业链的企业之一，产业优势达到世界先进水平。2014 年 7 月，晟通集团亮相上海中国国际铝工业展览会，是首个也是唯一一家不以展示产品为主题的展商。晟通集团用最大、最核心的展区提出了铝企业在发展道路上遇到的若干问题、疑惑，为铝行业面向公众征求解决方案。晟通人这种“心忧天下，敢为人先”的湖湘精神，彰显了晟通集团作为一家中国 500 强企业的担当。

从屈原、贾谊的忧国伤时，到范仲淹的“先天下之忧而忧，后天下之乐而乐”；从熊希龄的慈善事业到余彭年的“裸捐”，湖湘人心忧天下的爱国情怀都一脉相承。这种心忧天下的忠诚情怀，使得湘人在近代史的中国大舞台上守道救时，很好地结合内圣与外王的传统观念，积极地开眼看世界。发扬光大这种心忧天下的忠诚情怀，让湖南人民深刻关切与思考国家的命运，让湖湘儿女拥有更加坚定的价值追求，从而为当代湖南发展“凝神”。

第二节　敢为人先的创新能力

一、“变”“易”思想的湖湘沿革

中国传统管理文化的思想内容可谓丰富多彩，古代的百科全书《周易》就深刻地阐述了“变”“易”的基本思想。

“变”“易”思想也贯穿湖湘文化始终。远溯至屈子，他是因为坚决主张变法修度、改革内政而受谗流放至湖南的；北宋时期周敦颐的《太极图说》上接《周易》的变易哲学（《周易》主张“阴阳相推，变动不易”），下开湖湘文化的变革精神，云：“生生之谓易”（《周易·系辞上》）、“万物生生而变化无穷”（周敦颐《太极图说》），认为应从物质运动中去理解事物的变化发展。明末清初之际，王夫之进退宋儒自立宗主，“湘学独奋然自异焉”。船山学说以主动论为基石，认为：“变通者，时也”，“天地之气，恒生于动，而不生于静”甚至将“动”提高到“道之枢，德之牖”的高度，主张“天地之变化日新”。魏源继承其变革精神，坚决主张变法，“气化无一息不变者也……势则日变而不可复也”（《默觚上·学篇五》，《魏源集》，中华书局1976年版，第48页），“天下无数百年不弊之法，无穷极不变之法”（《船山全书》第6册，第1074页）。至维新变法期间，湖南成为变革的中坚地带。

洞庭波涛八百里，湘楚文明数千年。作为一个动态发展的、历史的概念，湖湘文化上接以屈原为代表的楚文化传统，中经宋代湖湘学派创始人胡安国、胡宏父子奠基，宋人张栻、朱熹讲传“道南正脉”，一时蔚然成风；到了明清，王夫之通其塞，集其成，为六经别开生面，集诸家大成；陶澍、魏源振其衰，开近代经世学风。在近代又经曾国藩中兴勤王、谭嗣同变法御侮等事项而大张其势，其所产生的一代又一代的思想家与政治领袖更是蔚为大观，熠熠生辉。湖湘文化中的变革精神是湖湘经济社会发展的深层文化基础与精神源泉，是湖湘精神的内核之一。

二、勇于开创的湖湘韧性

左宗棠说：“吾湘之人，厌声华而耐坚苦，数千年古风未改。惟其厌声华，故朴；惟其耐坚苦，故强。”（钱基博：《近百年湖南学风》，岳麓书社1985年版，第42页）的确，湖南人“特别独立之根性”千年未改，其中勇于开创的湖湘韧性，表现为湖南士人自强不息、敢为天下先的胆识，另一方面又表现为踔厉敢死、兼顾大局的志节。这一自强不息、敢为天下先的胆识，尤其通过近代社会湖湘士子杰出的政治事功得以充分表现。

纵观晚清湖南史，其爱国方式皆以改良中国为主，“窃以为洋人之智巧，我中国人亦能为之，彼不能傲我以其所不知也”。“学造西洋机器以成轮船，俾中国得转相授受为永远之利”，“无非为自强之计，不使受制于人，从镇压农民运动到兴办洋务运动，从团练湘军到借师助剿”，“整个近代史……湖南人流血”（《曾文正公手书日记》卷 14）。晚清从曾国藩的安庆内军械所到张之洞的汉阳铁厂；从盛宣怀的南洋公学，到左宗棠的福州船政学堂；从倡导新学新政的瞿鸿基，到力主今文经学的皮锡瑞；从“合向苍冥一哭休”的维新志士谭嗣同，到“为共和流血公真第一人”的宋钝初，湖湘人成为近代历史这场浩大战役的先锋兵、旗下卒。

勇于开创的湖湘韧性是湖湘文化铸就辉煌的又一保障。它与湖湘大地千百年来形成的筚路蓝缕的艰苦开拓精神关系密切，在商业经济中表现出更为强烈的勇于改革、敢于冒险的品格。

三、敢为人先的商业开拓

（一）闭塞之地的商业开发

在湘籍名人名册上，可以发现思想家、改革者与政治领袖甚领风骚，但却少有湖南企业家。由此，许多人认为湖湘文化与现代经济相冲突，湖南企业竞争力低下，并影响了湖南经济的发展。事实上，敢为人先的创新开拓为当代湖南发展赢得了战略主动。钱基博说：湖南“人杰地灵，大儒迭起，前不见古人，后不见来者，湛深古学，而能自辟蹊径，不为古学所囿；义以淑群，行必厉己，以开一代之风气”（钱基博：《近百年湖南学风》，岳麓书社 1985 年版）。

湖南地区的早期原始文明十分发达，在新石器时代早期遗址——湖南道县玉蟾岩发现了中国目前最早的稻谷壳遗存，这被认为是最早的人工栽培稻，并被视为中国稻作农业的起源。此即为湖南先民敢于征服自然、开拓创新、敢为人先的最早例证。湖南先民长期生活于封闭的地区，他们不满足于精耕细作的自然经济，而以勇于反抗的草莽野气、江湖豪气和世俗霸气对经济进行开发，深深地影响了湖湘民间的草根叛逆性格。

（二）救亡途中的经济改革

湖湘文化自形成伊始，就有一种不因循守旧，不抱残守缺，不拘泥于古，敢于探索创造，敢为天下先的改革精神。自鸦片战争至百日维新，心忧天下的湖南人以经济为手段，走出了一条实业兴国的道路。从兴起达到鼎盛，他们的主张，可用 10 个字概括：通工商之业，立富强之基。

我们知道，早在三百年前，王船山已喊出“大贾富民，国之司命”的口号。鸦片战争前后，经济创新代表人物以陶澍、魏源、贺长龄为代表，到百日维新前后出现了郭嵩焘、黄遵宪、唐才常，新兴经济思想亦不断推进，对湖南近代民族资本主义的发展、近代工矿业的兴起，产生了重要影响。

两江总督兼管两淮盐政陶澍在任期内，力图整顿淮盐积弊，裁省浮费，严核库款，缉禁私盐，淮盐得以行销。又在淮北试行票盐，此后推及淮南。（徐志频：《经营天下的湖南人》，百花洲文艺出版社 2010 年版，第 110—112 页）贺长龄任江苏按察使时，大力支持巡抚陶澍进行漕运的改革，改河运为海运，重开从上海至天津的海上航线，使明末废止的漕粮海运又得以恢复。谭嗣同在他的《仁学》中，用了很大的篇幅分析和论述振兴中国经济的问题，他的观念也相当超前。比如他给“奢”“俭”重新定义，提倡积极消费促进生产的“奢”，批判压抑消费、阻滞生产的“俭”。他认为“俭”只会浪费天下财物，陷老百姓于贫穷之中。湖南维新运动的中坚人物唐才常，提出了一整套的资产阶级改革方案，被视为早期中国民族资产阶级的代言人。他提出要仿效西方公司的董事制，设立银行吸收商人资本，以解决民族工业资金匮缺的困难。唐才常的经济改革主张并非只停留在口头上，而是力促付诸实施，如在家乡亲自主持开办锑矿，筹划开设煤矿，还为推销南乡白煤四处奔走。

魏源的经济理论惊世骇俗，其经济改革主张一反封建社会两千年来重农抑商、重本抑末的主张。重农可以慢点提，重商才是当下之急。概括地说，即要缓本急标。他这一颠覆性的主张，实际上是从自然经济哲学过渡到商品经济哲学。他极力倡导经济变革，在中国近代史上第一个提出“师夷之长技以制夷”的口号，抨击那些视西方为“夷狄”的顽固派，“未睹寰瀛之大”，把西方先进文明视为“奇技淫巧”，明确指出“有用之物，即奇技而非淫巧”，主张学习和利用西方先进生产技术，建立中国的新式工商业。

在实业救国的大路上，湘商“既有主张（以商为国），也有行动（戊戌变法）”，从始至终，聚精会神变商法，一心一意强中国。

（三）现代竞争中的争先引领

今天，在市场变幻多端、竞争异常激烈的经济条件下，企业唯有不断求变创新，才能取得成功。“创新是一个民族进步的灵魂”，同样，创新也是企业生存和发展的生命线。“企业的竞争实质上是创新的竞争”，伴随着知识经济和经济全球化的兴起，全球化的企业创新竞争越来越激烈，以至有人形象地称这种创新竞争是经济领域的“奥林匹克全方位竞争”。

新中国成立以来，湘电集团有限公司先后研制开发新产品1000多项，100多种重大新产品开创了中国第一：第一套船用动力推进设备；第一套地铁车辆电机电器成套设备；第一台108吨电动轮自卸车；第一辆城市轻轨车等。

创立于1992年的中联重科股份有限公司，依托公司雄厚的科研实力，坚持科技创新战略，通过高端技术创新体系不断攻克工程机械行业世界性科研难题，推出许多世界级产品：成功研制出全球最长碳纤维臂架泵车、全球起重能力最大的全地面起重机、全球最大的履带式起重机、全球最大的塔式起重机、全球最大的平头塔机、全球最高的登高平台消防车、全球最大吨位单钢轮振动压路机等一批世界首创产品。

始创于1989年的三一集团，凭借自主创新，成功研制的66米泵车、72米泵车、86米泵车三次刷新长臂架泵车世界纪录，并成功研制出世界第一台全液压平地机、世界第一台三级配混凝土输送泵、世界第一台无泡沥青砂浆车、亚洲首台1000吨级全路面起重机、全球最大3600吨级履带起重机、中国首台混合动力挖掘机、全球首款移动成套设备A8砂浆大师等，不断推动“中国制造”走向世界一流。

南车株洲电力机车有限公司一直坚持创新领跑未来，始终走在轨道交通装备行业的最前列。公司先后研制快速客运、客货两用、重载货运等各型干线机车共37种，自主研制的“和谐”型9600kW和7200kW两种六轴大功率交传电力机车，引领中国电力机车由直流传动进入交流传动时代。2012年，公司运用国际先进的以动力单元为基础的模块化设计理念，开创交流传动电力机车编组的新形式，成功研制出神华八轴、十二轴新型电力机车。

在全球经济竞争中，依靠他人的基础研究来开发新技术是远远不够的，重要的是能够在技术和管理上有所突破，开发出自己独特的竞争优势，这样才能脱颖而出，取胜于人。在这个充满不确定性的经营环境中，创新无疑是现代企业的必备精神。而湖湘文化中，“天以新为远，人以新为先”“天不新，何以生；地不新，何以运行；日月不新，何以光明”之精髓与现代企业家的创新精神不谋而合。湖南企业家只有从自身传统文化中吸取精粹，将之运用于企业经营运作中，将其作为企业精神文化的内核，才可能在风云变幻的市场竞争中稳中求胜。

第三节 经世致用的务实精神

一、经世致用思想的隐显起伏

“经世致用”是伦理——政治型的中国文化传统的特征之一，是封建时代士人赖以安身立命的崇高信条，在中国文化占主导地位的儒家尤重视“经世致用”这一传统。这一传统的隐显起伏又与“世运潜移”的王朝兴衰密切相关。一般而言，当社会生活平稳，文化专制强大有力之时，经世观念往往深藏在士人古色古香的学术外壳内，隐而不彰；但处在危机四伏的关口，国家民族面对纷至沓来的内部或外部的挑战，经世致用的观念就会活跃起来。时局的变动越剧烈，经世的自觉要求也越强烈。

由“纯学术”走向“致用之学”是乾嘉到道咸的一种带有趋势性的学术转向，而明清之际的经世思潮则被视为这一转向的直接源头。梁启超先生认为，晚清学术变迁的“最初的原动力”，是“残明遗存思想之复活”。有志之士“以其极幼稚之‘西学’智识，与清初启蒙期所谓‘经世之学’相结合，别树一派，向正统派公然举叛旗矣。此则清学分裂之主要原因也”。

当历史进入了嘉道之际后，在日益严重的社会危机的强烈刺激下，尤其经历了鸦片战争惨败的创痛之后，深沉的忧患意识和强烈的社会责任感，促使一部分以治国平天下为己任的敏感士子率先觉醒，把目光由故纸堆转向严酷的现实生活，起而重新倡导因乾嘉汉学的兴起而久已“隐而不彰”的经世之学，使其在沉寂了一百多年后再度兴起，骤然蔚为大观，成为一股强大的社会思潮。

在嘉道经世派崛起的时候，湖湘人物在其中起到非常重要的作用，并在地方上形成了以陶澍为首的“湘系经世派”。明清史专家孟森说：“嘉道之时，留心时事之士大夫，以湖南为最盛，政治学说亦倡于湖南。所谓首倡经世文编之贺长龄亦善化人，而澍以学问为实行，尤为湖南政治家之巨擘。”

二、宋明理学的生根发芽

湖南文化之两端，其一见诸《楚辞》《离骚》《九歌》《天问》，统称楚文化，此虽非湖南文化起源之系统，然亦开湖湘学术与风气之先，成湖湘文化之根基也。其成型之端乃自宋理学之兴起。有近代学者考证，儒学自宋以来的转折，亦即新儒学之形成，盖书院文化兴起之功。

清嘉庆年间，袁明灌任岳麓书院的山长，当时他以“惟楚有才”请对学生，学生中有个叫张中阶的对之以“于斯为盛”。于是乎“惟楚有才”使得湖湘子弟拥有了“为天地立心，为生民立命”的使命感和话语权，也在某种程度上开辟了湖湘文化中的经世精神。

咸同以降，分别有贺长龄、贺希龄、陶澎、魏源、曾国藩、胡林翼、左宗棠、罗泽南、郭篙焘、曾国荃、唐常才、刘长佑、杨昌济等治学于此，这些人后来成为影响近代中国走向的政府大员和学者，而他们的治学思想和政治理念无一不受宋明理学下经世致用学说的深远影响。

湘人治学力克酸腐，师心独往，不趋时俗之利，博于学问而笃于务实，推明阴阳无形之理，命于天而性于人也。萧延中在《巨人的诞生》中说道：“湘学士风的最主要特征是务实，既寓‘道’于‘势’，又以‘势’求‘道’。”湖湘学派既重义理思辨，也重躬身实践，提倡“学”必“致诸用”，反对空谈心性，主张力行致用的知行观。胡宏主张“学圣人之道，得其体，必得其用”，“学也，行之也，行之行之而又行之”。他认为“体”“用”是一体的，不可分割的，“有体而无用，与异端何辩”？张也认为“士君子之学，不过一实学”“致知行力，互相发也”。

岳麓书院院规明确要求“通晓时务物理，以经世致用的学风扬名于天下”。王夫之更是大声疾呼，要“尽废古今玄妙之说而返之实”。陶澍、魏源将务实的学风传承近代，陶澍主张“能经学古而致诸用”。魏源在他编纂的《皇朝经世文编》中将这一思想总结为“书各有旨，而道存乎实用”，明确表明经世致用、经邦济世的取舍标准。上溯屈原《天问》中的原道精神，至毛泽东探索“大本大源”的主张，原道精神、实学风尚一以贯之。而在实践上，湖湘更以众多的实干家名世，湘军作战有“拔硬寨”“打死仗”之誉。近代的谭嗣同、黄兴等无不是文治武功、躬身亲为的实干家。

鸦片战争后，国门洞开，伴随着西方列强的入侵，西洋西学兴起，湖湘文化“师夷长技以制夷”，形成一种“不中不西、即中即西”的应世之学，“会通中西，权衡新旧，中学为体，西学为用”唤起了国人的爱国救世热情。“学习西方的各种长技作为经世致用的内容和方向，是对旧的内圣外王之争的突破”。

三、筚路蓝缕的商业践行

古代湖湘文化以其“推崇理学，强调经世致用，主张躬行实践”三要素而为近代通经致用思想的形成奠定了坚实的人文底蕴，直接影响了湖湘学人的改革变法理论和守道救世思想。所以曾国藩在晚清大地上高呼，要求有二三爱国者能站出来救亡图存：“天下滔滔，祸乱未已，吏治人心，毫无更改，军政战事，自崇虚伪，非得二三君子导之以理学之廉耻。”（《曾国藩家训》）

在近代史的舞台上，湖湘文化的经世致用始终带有宋明理学的义理之风，同时又紧跟时代，引领潮流。王船山的济世救民思想是影响晚清爱国思潮兴起的又一个原因。他“痛败类之贪残，念民生之困瘁，率尚威严，纠虔吏治”。他携带着的宋明理学之风，在湖湘大地上有了新的发展，亦即“循天下之公”。

经世致用是王船山开创出的“生面”，将这个“生面”切开来看，“经世”就是“经国济世”，“致用”就是“学用结合”。在王船山眼里，“天下惟器”，经济属于实业，正是“经营之器”，其他都属于“虚业”，是“道”。王船山的经济思想，源于时代的商业事实。潜回历史时我们清晰看见，商业世俗化在王船山生前就开始生根。那条根长在湖南境内。据史，早在1573年至1620年，湖南洪江犁头嘴（今沅江路）就已形成一定规模的物资交易、集散市场。这里店铺林立，作坊成片，构成洪江最早的港口商埠。明清之际，规模日盛，成为湘西南扼守湘、滇、黔、桂、鄂物资集散通道的商贸重镇，被称为“五省通衢”。1687年，文人王炯在《滇行日记》中说洪江已是“烟火万家，称为巨镇”。王船山是时指出：“大贾富民，国之司命。”他鼓励做商业贸易，特别强调钱货交换的必要性，曰：“财散则民聚，财聚则民散。”

湖湘文化的格物致知、经世致用与湘商企业家实事求是的经营原则，近四百年湖湘文化的道统脉络非常清楚，前后大家相望。史学、舆地学、农学、兵学、荒政及盐、河漕之学以及“洋务”之学，是左宗棠在登上政治舞台前致力“经世之学”的主要领域。他在研究这些经世之学的时候，也明确表达了他的经世济世之志。例如他研究农学就说：“仆近因农家为人生第一要务，而古近颇少传书，思有所述，以诏农圃。”（《左宗棠年谱》，岳麓书社1983年版，第23页）“蚕事今年极意讲求饲养之法，此不独为一身一家图温饱也，将来试行得法，闻风兴起者自多，能得一乡温饱，即是我辈一大功德。”（杨东梁：《左宗棠评传》，转引《左文襄公书牍手稿·四月二十七日致周汝充》，湖南省博物馆藏）“倘更桑竹之利成，其可以存廉耻而广惠爱者大矣。”（《左宗棠年谱》书牍·卷一·乙巳上贺蔗农先生书）

民国时期，内阁总理熊希龄是湖南现代意义上的经国济世之才，维新期间，他深感变法救国行不通，“教育救国”难见时效，故尝试实业救国，希望通过创办资本主义企业，振国兴家。他和叶德辉、蒋德钧等商议，确定把开办机器制造业和筹办湖南内河航运作为突破口，抵制西洋实力的进入。为发展湖南瓷业，他东渡日本学习先进技术，将熟练工人编成“速成科”，聘请外国技师，引进先进生产教学设备……在他的努力下，湖南瓷业公司釉下彩瓷器多次荣获各类大奖，蜚声国际。

2001 年，通程集团根据长沙商业格局东、西部失衡的现状，投资近 3 亿元打造了通程商业广场。根据商业形势发展，不断进行专业经营改造，实现了商业板块由过去单一的百货店到集专业电器超市、百货店、现代购物中心等多种业态相结合的现代商贸企业的成功转变。在生活超市这一部分功能缺失的机遇中，通程集团开始开发零售市场，争得市场份额。董事长周兆达认为契合市场需求，针对性开发扩张才是企业发展之道，盲目扩张只会碰得头破血流。

南车株洲电力机车有限公司为满足国内客运及高海拔地区电力机车需求，自主研制了具有高性价比的 200 km/h、160 km/h 六轴交流传动干线客运电力机车及 HXDLC 型高原电力机车。

湖湘子弟大都有一种坚韧、笃实的品性，其民性淳朴、敦厚。而这些正是实事求是的企业家所必备的素养。当下中国正在经历迅疾的市场经济体制的建构过程，机制的引进和创新是异常艰苦的过程。我国在相当长时期内实行的是计划经济体制，由于长期缺乏工业经济这一历史环节对传统社会经济基础的根本改造，往往容易在无意识层面上向传统社会模式及其文化复归。在这个经济转型的时代，企业的发展面临多方面的挑战与风险，而这又必定要求企业家一切从实际出发，以实事求是的原则，以睿智的头脑和冷静的理性分析掌好企业的航向。实事求是正是“重践履”“重实学”“重经世致用”学风的延伸。“经世致用”“格物致知”和实事求是是湖湘文化的灵魂，也必将成为湖南企业家的灵魂。

第四节 兼容并蓄的和谐理念

一、兼容开放的“四水”文化

2700多年前，管仲提出“水者，何物，万物之本源也”，认为人类文明离不开水的滋养，人类的生存和健康离不开清洁的水源和良好的水环境。在中华文明产生之初，思想家们遵循万物有灵的传统思想和相生相克的哲学观，形成了“上善若水”和“厚德载物”这一对朴素的哲学理念，前者说的是水的品格“利万物而不争”，而后者讲的是做人的道理，要以德对待自然，才能有利于人类的生存。二者形成的就是“天人合一”的思想，即人要与自然和谐相处的思想。我国先民，以和为贵，追求天人合一。古人祈雨也好，镇水也好，唯一的目的就是希望风调雨顺、江河安澜，希望人类能够永远与水和谐相处。

正如同江南水乡的文秀和蒙古高原的雄浑一样，三湘四水的灵动多彩也孕育了其独特的经济社会和人文特征。水资源丰富是三湘大地显著的自然特征，湘、资、沅、澧四大水系贯穿全省，自古以来，湖南人伴水而居，城市因水而名，经济、文化因水而兴，湘楚文化先人的激越、浪漫、好奇和理想主义应运而生。除发展本土文化之外，历史上湖南也受到中原文化、江南文化等外来文化的强烈冲击，同时由于水系通畅，商贸发达，社会交流频繁，造就了兼容开放的品性。敢于走出去、引进来，接受外来文化，加以吸收创新，适应时代发展。

隋唐五代湖南对外畅销的农副产品除大米外主要是瓷器与茶叶。长沙铜官窑的釉下彩瓷器不仅行销于国内的通都大埠，而且远销朝鲜、日本、印度和东南亚地区，甚至远达北非和南非。茶叶主要是销往北方各省，据载每年上交的茶税以百万计，可推知其销售额是相当大的，很可能湖南茶已压倒了江淮茶和福建茶，垄断了北方市场。其时，湖南对外的商道和交通线主要有四条，即通长江下游各地的商道，通中原的商道，通岭南两粤以及通巴蜀的商道。通长江下游的商道是水路，即沿湘江入洞庭，再顺长江以达扬州。唐朝时湖南的粮食出境和铜官窑的瓷器外销多由此道。至唐末五代，通中原的商道改为顺湘江而入洞庭过长江，入汉水，进入荆襄地区，再由陆路以达中原。湖南的茶叶北销主要依赖此道。通岭南两粤的商道，自秦汉修驰道、凿灵渠、开峤路以来，一直有东西两道：一是循湘江而入广西；二是经耒阳、郴州而入广东。通巴蜀的商道也有两线：一是由洞庭过长江后经三峡而入川；二是经由澧水和沅水的支流酉水而入川。四大水系在推动湖南地区商业发展的进程中可谓功不可没。

二、融通变革的区域互交

（一）区域融通中的商业交流

楚文化存储孕育于夏、商时期。其时也是中原文明泽被两湖的时期。考古材料显示，湖南受中原文化影响到商代才渐趋明朗，主要表现是在青铜铸造方面。青铜铸造术在商代中期已传至湖南北部，商代晚期传至湖南中部和整个湖南。楚文化大约形成于春秋战国中期，它融合了周边地区的异族文化，特别是吸收了中原文化的精华，加上楚人博采众长、因时变革的创造，从而形成了具有楚地诸民族特色的新文化，这种文化一经形成，便立即向四周辐射。据载向南辐射到两广，向东辐射到江西和安徽，向西辐射到四川，向北辐射到河南等地。楚文化无疑成为后来湖湘文化的源头。

据古文献记载，湖南原为越人和“蛮”“濮”等民族的居住地。春秋战国时，随着楚国征湘，楚人、巴人等楚国境内的民族便相继进入湖南并逐渐成为湖南境内的主体民族。湖南原土著民族的生产力水平相对低下，楚人入湘后，一方面征服和统治着湖南的土著民族，一方面也推广了较为先进的生产工具和生产技术，使得湖南地区的农业、林业、畜牧业、手工制造业和商业等都有了一定的进步和发展。秦汉时期铁器、牛耕的普遍应用，农作物品种的增多与产量的增加，使得湖南当时的粮食不仅能够满足内需，而且还大量外调。手工制造业除原有的外，另增加了新的门类，如印染、刺绣、造瓷、造船等。某些手工业已达到全国领先的水平。如马王堆出土的轻薄素纱襌衣重 49 克，其经纬丝纤度已达到与近代缫出的最精细的纤度相当的程度。

从湖南各地挖掘的楚墓看，铁制农具包括锄、锸、铲、斧、锛、刀、削等已普遍使用；粮食生产除种粟之外，还广泛种植稻米、麦子、豆类等；用来祭祀有牛、羊、鸡、凫等家禽家畜，有鹄、鸿等猎物，有鳖、龟等水产，还有甘蔗、蜂蜜、椒、姜等农副产品和经济作物。并且湖南地区已成为楚国重要的铜矿采炼和铜器铸造基地。

图 马王堆出土的素纱禅衣

商业的发展也促使了湖南各地城市的兴起，如澧水流域的鸡叫城、沅水流域的黄楚城、湘水流域的长沙城等。其中以长沙城最有代表性。到目前为止，仅长沙地区所发掘的春秋战国楚墓即达3000座，发掘材料表明，战国时期的长沙已是楚人聚居、人口稠密、手工业和商业都相当发达的城市。楚人不仅与湖南的土著民族共同创造了辉煌灿烂的物质文化，也创造了新兴的封建制度文化与充满着神奇色彩的精神文化。楚国在春秋时代已是较早实行封建郡县制的国家。征服湖南的土著民族后，即在湖南设县任尹，封君封邑。无论郡县或者封邑，都必须向楚王室缴纳贡赋。对原居住湖南各地或新迁入的楚人或巴人，都一律按土地征收实物地租与田赋。

（二）博采众长的移民丰润

元代初年及明末清初，湖湘大地遭受战火多次蹂躏，土著族十室九空。元代和清代有两次在中央政府鼓励和安排下的大规模移民，移民主要来自江浙、江西和四川等地，湖南省境内有多达45种方言。移民的进入给湖湘文化提供了厚实多元的基础。近代有人论说，湖南之所以名人辈出，主要是因为湖南是移民省的缘故。不管移民来自哪里，其最根本的特点是有吃苦耐劳的心理准备和拼搏的精神，这种气质上接先人楚文化的跳越浪漫，就形成了近代湖湘文化的激越而又有序、笃实而又灵动、浪漫而又实际的鲜明地域特征。

湖湘文化传统中海纳百川的会通精神与企业家的开放意识、变革思想密切相关。

湖湘文化兴起之初便表现出兼收并蓄的特点。周敦颐立足儒学，融合佛道，其思想有“三教合一”的特点。他援道佛入儒，确立了理学气通百家的学术取向及理论框架；胡安国、胡宏并非湘人，而是闽人，湖湘人奉尊其他省份的人士为湘学创始人，其开放的胸怀可见一斑；南宋朱熹、张栻的朱张会讲开创了不同学术观点和不同学派会讲的先河；至明代王阳明来湘讲学，湖湘甚至兴起了“楚中王门”。王夫之是湘学也是中国古代哲学的集大成者，“六经为我开生面”，其学说会通百家，博大精深，采百家之说，集千古之智，成为湖湘文化会通精神最杰出的代表。近代很多湖南人都善于向西方学习。魏源成为中国近代史上最早“睁眼看世界”的人，自他以后，曾国藩、左宗棠、郭嵩焘、曾纪泽等湖湘士人，学习西方近代工业和科学技术，丰富和发展了魏源“师夷长技”的思想。在戊戌变法和辛亥革命中，谭嗣同、唐才常、黄兴、宋教仁、章士钊等湖湘维新和革命人士都明确表达了学习西方君主立宪制度和民主共和制度的思想。

图 “朱张会讲”还原图

湘学也并不是纯粹的地理概念，它在历史变迁中不断吸收其他学派的特点以涵养和丰富自己，同时也不断地向外交流而形成更广泛的社会影响。可以说，湘学是一条开放的河流，吸收容纳了各地各派的学术思潮，成就了湘学的博大精深，推动了湘学的与时俱进。

三、放眼世界的博大胸襟

兼容并蓄的开放胸襟为当代湖南发展凝聚四方力量。湖湘地区高山大湖的地理环境，发达的农业经济，各民族多元文化的融合，形成了别具一格的地域文化。这种文化，就是一种兼容并蓄的文化。

近代，湖南长宝盐法道兼署湖南按察使——黄遵宪历时九年完成的《日本国志》是我国第一部系统记述外国当代史的著作，在当时就被誉为“奇作”。这部书名为记述日本，实为告诫国人，正如作者在“自叙”中所说：“今所撰录……凡牵涉西法，尤其详备，期适用也。”该书在详细记述日本明治维新开矿山、建铁路的盛况之后，对于国内守旧派所持的“破坏风水”“与民争利”“聚众难散”等谬论痛加驳斥。他论证说，事实恰恰相反，开矿“一经开坑，则开采需人，冶铸需人，小民借手足之力，资以谋生者不知凡几……转移富强之机不在此乎？”又说“铁路之便生民、兴国产，利益之尤大者也”，他质问守旧派：“何不一考日本铁道之事而计其得失乎！”黄遵宪对“君子喻于义，小人喻于利”的教条嗤之以鼻，认为“财也者，兆民之所同欲，政事之所必需者也”，决不应“讳而不言”，而要刻意讲求“理财之道”。他系统总结了日本和西方各国的理财方法，号召国人“互相师法”，无一不体现出兼容并蓄的开放理念。

在多年的发展过程中，华菱集团从实际出发，走富有生机和活力的体制创新之路，以资金、资产为纽带，构建大集团运作体系。集团推行二元分层经营模式，建立科学高效的母子公司管理体制；依托资本市场，稳步推进主业资产的渐进式整体上市；推行国际化发展战略，2005 年通过股权转让的方式与世界钢铁巨头米塔尔钢铁公司进行战略合作，2009 年在金融危机的背景下又成功收购澳大利亚 FMG 公司 17.34% 的股权，努力融入全球钢铁业和世界经济大循环。

中联重科有限公司积极推进战略转型，在国内形成了十五大园区，在海外拥有意大利 CIFA 工业园、德国 M-TEC 工业园、印度工业园、巴西工业园等生产制造基地。公司在全球 40 多个国家建有分子公司以及营销、科研机构，为全球六大洲 80 多个国家的客户创造价值，拥有覆盖全球的完备销售网络和强大服务体系。公司还计划以资本为纽带，强化海外资源整合和市场投入，在欧洲、南亚、西亚建立更为完善的备件中心，在欧洲、西亚、南亚、东南亚及北美洲建立更为先进的制造中心，在欧洲、南美洲、南亚、东亚建设更加贴近客户的研发中心。

“走在老挝的街头，只要你会说湖南话，就不会迷路。”老挝湖南商会提供的数据显示，目前，在老挝经商的湖南人接近 10 万人。从小五金、摩托车到服装、箱包，湖南商人几乎涉足了老挝全行业。他们充分利用当地优势资源，融合多元文化，开创出经济发展的新路子。从一无所有到走出国门，湖南人在老挝演绎了一段目前还不为国人熟知的湘商传奇。据当地官方统计，在老挝每年的摩托车销售额中，湖南人凭借实力抢占了 90% 的份额；同时，老挝手机行业的 60%、服装和箱包行业 50% 以上的市场份额亦是湖南邵东人的天下。10 万湖南人正在老挝演绎一段经商传奇。

现代社会是一个开放的社会，在市场经济环境下，任何企业都不可能孤立而取得发展，任何企业都必须在参与市场竞争的同时与外界进行交流与合作，而这一理念的落实又取决于具有开放眼光的企业领导人。开放对企业意味着吐故纳新和博采众长。在市场经济大潮中，企业的发展、强大离不开对不同时代、不同地域、不同国家的一切优秀的文化成果的吸收。在现今的企业运作中，我们一方面应当对中华优秀传统文化进行认真的研究、总结、继承和发扬；另一方面又应以博大的胸襟，以开放兼容的态度广泛吸纳世界各地区、各民族的优秀管理思想，使古今中外的一切人类文明之优秀成果都能够成为我们企业文化建设的重要资源与依托。只要具备了这种心态与实践，我们就能在兼收并蓄、博采众长的同时又保持自身的独立性。

在经济全球化和区域经济一体化深入发展的今天，谁能做到兼容并蓄，谁的发展就会充满活力，谁就能在竞争中抢占先发优势。发扬光大这种兼容并蓄的开放胸襟，就能使当代湖南人跳出“一亩三分地”的思维定式，把视野放宽、把目光放远，广聚四方之力，从而为当代湖南发展“添翼”。博采众长的包容品质是湖南经济协调发展的根本。

第五节　实事求是的诚信意识

一、“实事求是”思想的发展脉络

“实事求是”一词最早出自班固《汉书》中《景十三王传·河间献王传》，用以褒赏汉初古经文学派刘德的严谨态度与求实学风。“实事求是”之风气历经后世坎坷辗转，再度萌发于朱熹、王阳明，真正恢复于明清之际，由乾嘉学派将“实事求是”推向了古代历史的辉煌顶峰。

朱熹提出“先知后行”的知行学说，认为知、行二者不可分，知先于行，行重于知，这就避免了不知而行，也就在一定程度上摒绝、避免了盲行、乱行。王阳明进一步提出了“知行合一”学说，指出：“知是行的主意，行是知的工夫。知是行之始，行是知之成。”

阮元代表的乾嘉学派所提倡的“实事求是”，强调摆脱后世注解者和自身的主观偏见，言必有据，以客观的态度训诂经典，了圣贤之道、求经史大义。以毛泽东同志为核心的第一代党中央领导集体，在开展中国革命和建设事业的具体实践中，提出了马克思主义中国化的时代命题，指出要将马克思列宁主义的普遍真理同中国的现实国情与传统文化结合起来。“实事求是”就成为中国共产党人选取的一个重要结合点。“实事求是”成为重要的方法论原则，指导着波澜壮阔的革命实践的开展，取得了巨大的业绩。在新的历史时期，中国特色社会主义的现实实践及理论体系中的“实事求是”实现了与“解放思想”“与时俱进”“以人为本”的有机结合，“实事求是”的理论内涵日趋丰富、地位不断提升、适用范围持续扩大，“实事求是”具备了总体性思想方式的意蕴。

二、“实事求是”在湘商中的体现

（一）“诚信”与“义利”

“实事求是”的内在伦理表现即是“诚信”。宋代理学家朱熹认为：“诚者，真实无妄之谓。”“信”是指信守诺言、言行一致、表里如一。周敦颐指出：“诚，五常之本，百行之源也。静无而动有，至正而明达也。五常百行，非诚非也，故诚则无事矣。（《通书·城下》）周敦颐认为，“诚”既是“纯粹至善”，“静无而动有”，因而是五常百行的根基，只有诚立，才能具备各种德性并从事一切道德行为。商业活动自然也是这样，商人经商无诚，则缺乏经营道德及个体道德的基础，商人秉诚，自然也就有了商业道德的思想基础。

宋元以来，以强调“义利”之辨与“忠、信、仁、义、诚”的理学成为统治者治国理政的主流思想，于是也因此而成为湖湘士子的核心价值追求。在此基础上兴起的湖湘学派无不把“义利”之辨作为自己的“第一义”而反复阐释，由张栻、朱熹等湖湘学派创建的新儒家阐述义利观均强调“正其义，不谋其利”。要求个人在处理各种事务时，必须以社会道义为目的，而不能以个人功利为目的。

目前我国市场化体系的运行中出现了诸多病症，如商业贿赂、商业欺诈、违约失信、制假售假等。这些情况导致我国市场的失序和无序，致使国人在经济活动中陷入过度投机的思维怪癖。一方面给企业的商业活动带来严重的负面影响，另一方面造成了在公共生活中出现人与人之间的陌生与隔阂。难以想象，一个在各个领域都不遵守公共的道德、伦理、规范，没有共同权威的约束，为达目的不择手段盛行的社会会是健全的。当代湘商当继续高扬诚信、责任、创新的伦理旗帜，在中国日益发展的市场经济中，坚守商业道德，实事求是，脚踏实地地推进发展。

湘商的“诚信”，一方面强调了湘商的本体特征为“诚”，以及湘商本体与他者之间的主体性特征，即“信”；另一方面，不仅仅将诚信作为修身的底线，更是强调要将诚信不断体现在个体的动态行为中。因此，实事求是的诚信意识体现了湘商精神中的本体与现象、主体与主体间、内在与外化、静态与动态的有机统一。

（二）诚信经营的朴实做派

近代湘商始终把秉诚放在特别重要的位置并视为商德之首。湘商与其他区域的商人一样，秉诚重在经营商品不弄虚作假，不以次充好，不掺杂使假，不哄抬物价，不变相涨价，不缺斤短两。在古洪江商城，长沙靖港商街的遗留商铺招牌、匾额中，可见多离不开义、信、公、诚、仁、和、德、协、廉、兴、盛、昌、茂等字的排列组合，既祈望生意红火兴盛，又昭示诚信经营。“童叟无欺”“以诚而立”的字句随处可见。据《同治衡阳县志》记载，同治年间，湖湘代表黄代宾到广西全州充当牙行。牙行贱业也，而黄代宾至之全州，汉口沽客将归，计财货，缪算而误银三千，客亦弗觉也。既去，司计者进贺曰：“天赐主人金。”代宾怫然，趣亟还之。众曰：“商贾所争锥刀也，与为义，不如勿牟利矣。”代宾曰：“不然，苟吾所宜者，虽一钱诚不可让，苟损人以人肥己，寇盗行，而何以为商？”卒还之，远近闻义，之全州者，必主黄氏，遂为富人。讲的就是近代湘商如何讲求诚信，赢得信誉，终于发财致富的故事。

创立于1993年的大汉控股集团有限公司，是一家跨地区、跨行业的大型综合性非公有制企业，业务涵盖钢材物流、城镇建设、商业地产、老年地产、商业管理、文化旅游、汽车贸易、职业教育等。集团始终践行责任与业绩高度统一的红色文化，坚持“资本 = 责任、业绩 = 财富”的核心价值观，创建优秀的企业品格；塑造正德律己、修德利人、厚德载物的高尚品德，加强良好的个人修炼；发扬“干大事、流大汗、成大业”的企业精神，笃信“纳贤、守信、勤奋、俭朴”的经营理念，以“及时、专业、贴心”的理念，竭诚为客户服务，广受赞誉。

全球触控功能玻璃面板最大的供应商——蓝思科技有限公司创建人周群飞，从手表玻璃加工厂打工、举家创业到形成手表玻璃完整的生产线，并“升级”为手表玻璃供应商。一路走来，筚路蓝缕，始终坚持质量第一、创新产品，踏踏实实地走好每一步。周群飞也成了当之无愧的“全球手机玻璃女王”。

三、因地制宜发展经济

从远古时期起，湘商就利用资江水运与外界沟通，进行贸易往来，运量从几吨到几十吨不等。对于货量较大的煤炭运输，资江水运利润空间小。当地水运商人根据资水滩多险峻、资江流域山高谷深、森林茂密等特点，兴造毛板船，一只船可载一百二十吨以上的煤，最多的可达二百吨。毛板船的航路主要是由邵阳（宝庆）到汉口或长沙。毛板船要发大水才能起航，风险大，一船煤，运到汉口，可获成本五倍以上利润。每十条毛板船，在江上打烂七条，剩下三条到汉口，还有赚头。毛板船只运煤一次，是“一次性使用”，不必返航。船到达目的地后，船体

图　资水闯滩

图　资水闯滩

拆下的木板与煤一同销售，因松木耐水浸，敲掉船身上的马钉，船板还是新木板，色泽没变，散发着淡淡的松木香，所以销路很好，渐渐在汉口形成了一种新行业：船板拆旧业。

凭借毛板船的兴起，资江沿岸码头经济得到了跨越式的大发展，带动资江流域经济进入长沙、汉口等地的经济大循环。一些暴富了的船老板或船工在汉口置业定居，由毛板船商改为坐商，逐渐形成了汉口的宝庆街。

清代的湖南宝庆府（今邵阳），下辖今新宁、冷水江、新化、邵阳、武冈等诸多县市，是商业、手工业城镇，又是湘西南农林副土特产、手工艺品集散地。境内盛产的土纸等手工业品和玉兰片、龙牙百合、苡米、茶叶、煤等土特产品，通过资江运用木帆船、毛板船销往省内外，再运进洋布、绸缎、钟表、书画，也运进瓷器、海味、糖、盐等货物。这种特殊的船启动了资江流域商人的巨大商机，带来了深厚的文化与商业资金积累。由此，毛板船商在湘商史上写下了得意、辉煌的一笔。

在湖湘特定的地域环境与人文传统中，湖湘文化形成了“心忧天下”“敢为人先”“经世致用”“兼容并蓄”和“实事求是”的鲜明特征。五者之间有一种内在的逻辑关系。由“心忧天下”而明忠义大节，生出对国家社稷的责任和担当，转而为“经世致用”“敢为人先”的实际行动；而“兼容并蓄”“实事求是”则成为指导“经世致用”实践的原则。湖湘儿女虽世代躬耕，然受前代政治家之风靡，多有读破万卷、神交古人的欲求，敢为人先的湖湘人都因倡求真务实之风而成为后世之楷模。

思政沙龙

1. 查阅旧民主主义革命时期以及抗战时期湖湘儿女浴血救国的相关文献，激发爱国热情。

2. 查阅湖南省博物馆的相关文献资料，梳理湖南经济社会发展脉络。

3. 收集当代全球知名湘商企业的资料，整理其发展壮大的经验。

拓展训练

1. 开展主题班会，讨论当前经济形势下，在校大学生在“经世致用”方面该怎么做。

2. 试论当下经济发展中大学生价值观的“义与利”。

3. 调研校园周边的商业经营情况，为提升其发展，提出改进意见或建议。

4. 试论在国家“一带一路”畅议背景下，湘商如何做大做强。

第三章　湘商风物

一方水土养一方人，特定地域的人群总会在整体社会文化的大范畴下，表现出地域人群特定的品位和德行，形成其独有的风物特质。湖湘大地，早经文明洗礼，蔚为华族先锋，裹挟着历史的风尘与遗迹，在这片热土上不疾不徐地留下她斑驳的脚印。从“中国20世纪100项考古大发现”之一的城头山遗址到唐朝彩瓷的发源地铜官窑；从宝庆码头船帮的声声号子到长沙米市熙熙攘攘的忙碌身影；从茶马古道的艰难步履到洪江古商城的赫赫声名；从火宫殿的臭豆腐到甘长顺的面条；从湖南会馆到异地商会……时代的风云变迁为三湘儿女展开了一幅幅五彩斑斓的画卷、一段段耐人寻味的故事、一篇篇慷慨激昂的华章。

第一节　厚重历史

湘商具有悠久而厚重的历史文化，在中国商业发展的漫长过程中，留下了许多脍炙人口的商业传奇。据《易经》《世本》《史记》等古籍记载，中华商业始祖神农、祝融和商圣范蠡都葬在湖南。从湖南出土的大量青铜器可知，被认为是中国商业正式起源的商朝与湖南有密切关系。此外，风靡世界的铜官窑，享誉全国的长沙米市和茶市，威震长江的宝庆码头，驰名大西南的洪江古商城，无不代表着湘商在中国商业史某一阶段的辉煌。

一、城头山遗址

城头山古城址位于澧县（湖南省常德市），它是中国南方史前大溪文化至屈家岭文化时期的遗址。1996 年，该遗址被中华人民共和国国务院批准为全国重点文物保护单位；2002 年，城头山古文化遗址被评为“中国 20 世纪 100 项考古大发现”之一。

据考证，城头山是中国第一座古城。无论从规模、功能还是工程规划施工来看，它都已经属于“城”的范畴。当时，城头山在澧阳平原上与其他聚落比较起来，可谓鹤立鸡群，它已经成为具有一定号召力并曾统领一方的政治中心，即我国著名考古学家苏秉琦先生所说的“古国”。

图　城头山古文化遗址（俯瞰图）

（一）历史文化

城头山城始建于6000年前的大溪文化时期，在距今5000年左右屈家岭文化时期又经过两次筑造。城头山城中遍地可见大溪文化、屈家岭文化和龙山文化的陶片和文化堆积。据城头山古城址的发现者、澧县博物馆曹传松先生介绍，此地还发现有甚酒器陶鬶和贮酒器陶瓮。陶鬶、陶觚和陶温锅的发现，说明城头山及周边地区在5000年前饮酒已相当普遍和讲究，酒文化的发展已达到相当水平。

城中必有市。陶鬶、陶觚和温锅的使用大多与市场相关。因此，城头山城具有商贸市场属性。特别是陶温锅的发现，证明在城头山已出现了酒肆。

所谓酒肆，指酒店或酿酒手工作坊。《论语·子张》：“百工居肆，以成其事。”《汉书·食货志上》：“开市肆以通之。”据文献记载，我国卖酒行业始于周代。《诗经·小雅·伐木》记载：“有酒湑我，无酒酤我。”由此看来，常德卖酒行业出现的时间可大大提前。

“酒温香浓”，古人饮酒一般以温为宜。唐代诗人白居易《问刘十九》诗云：‘绿蚁新醅酒，红泥小火炉。晚来天欲雪，能饮一杯无？”就是描写冬天温酒而饮的情景。城头山酒肆的具体运作情况现已无法考察，但我们发掘城头山时可以明显感受到它的存在。城头山的城墙守住了8万平方米范围内的聚落，带来了安全和繁荣。这里人口密集，堆积深厚，遗物既多且好。它充分反映了城头山城中商贾云集，货物充盈的情况。这里可能就是屈家岭文化时期常德地区最发达的商贸市场之所在。

图 城头山出土的陶器

（二）地理位置

城头山遗址位于湖南省澧县车溪乡城头山村，东南距离县城10公里，遗址分布范围地处洞庭湖西北岸澧水中下游地区的澧阳平原腹心地带，地理坐标北纬29°40'11"~34"，东经111°39'08"~38"，海拔高度43~48米。遗址四周地势西高东低，河道九曲十弯，迂回曲折，湖港星罗棋布，纵横交错，地表开阔平坦，土质肥沃，主要为河流冲积物，以种植水稻、棉花和油菜三大作物为主。该区域内大陆性气候特点明显，常年雨量丰沛，光照充足，温暖湿润，年平均气温在16.5℃以上，因而是古人类繁衍生息和创造灿烂文化不可多得的理想场所。

（三）学术价值

城头山是中国迄今发现年代最早（距今6500多年）、保存最完整、内涵最丰富的古城址。遗址区内发现有世界最早、保存最好的水稻田遗址和中国最早的大型祭坛。它极其重要的学术价值不仅为国内专家学者所认同，而且举世公认。

1997年7月28日在北京召开的城头山古文化遗址学术意义专家论证会上，我国八位考古权威均认为：这个古遗址不仅对史前聚落的发展、筑城历史和技术、长江流域文明因素的形成、稻作农业的兴起和发展等重大学术课题的研究具有极大的价值，而且由于多年发掘所揭示的少见的重要遗迹和珍贵文物，因而具有别的遗址所无法比拟的，向广大群众展示和进行历史唯物主义、爱国主义教育的优越条件。

城头山遗址代表了长江流域新石器时代古文明的发展高度，即便与素称中华文明摇篮的黄河流域古文明相比也毫不逊色，而且年代更早。城头山是历史文化的宝库，同时也是弥足珍贵的人文旅游资源。随着时间的推移，相信会越来越受到世人的关注。

二、铜官窑

铜官窑遗址发现于1957年，后经1974年、1978年、1983年多次调查发掘，出土瓷器1万余件，分别收藏在长沙市博物馆和湖南省博物馆内。根据发掘的地层关系和出土遗物上的纪年铭文，可知为唐代窑址。出土瓷器品种之多、形式之丰富，在唐代瓷窑中实为罕见。现窑址上还保存着一些兀立于山头的“窑包”，依山而卧的“龙窑”，堆积遍地的瓷片。

铜官窑遗址位于望城区铜官镇至石诸湖一带，南距长沙城27公里，北与闻名遐迩的铜官陶城相接，东依连绵的山丘，西临湘江，遗址面积30万平方米。从铜官镇至石诸湖，沿湘江东岸十里河滨，已发现唐代烧窑遗址19处，面积最小的约300平方米，最大的万余平方米，堆积厚度最薄为0.4米，最厚约4米。1972年9月1日和1983年10月10日，两次被公布为省级文物保护单位。1983年1月14日被公布为国家重点文物保护单位，是湖南省古遗址中唯一的文物保护单位。

（一）瓷窑简介

铜官窑为唐宋代南方瓷窑，是中国唐朝彩瓷的发源地，亦称“长沙窑”。产品主要是青瓷，生活用具种类很多。釉色有青、黄、白等色，并首创釉下彩器和在瓷器上彩绘的装饰技法，即在青釉下用褐色或绿色斑点组成几何图案，在白釉或青黄釉下用笔绘云彩和几何纹。此外，还有模塑贴花、印花、刻花、堆花等装饰。造型有壶、瓶、杯、盘、碗、灯和生动可爱的鸟、狮、猪、鱼、青蛙等。明代以后，铜官窑所产有大缸、酒瓮、广钵和茶壶等日用陶器。建国初期，以产绿釉、黄釉陶器为主，有水罐、壶等。以印坯和拉坯法成形，印坯模上刻有花纹，成型和印花一次完成。

1966年后，铜官窑发展较快，新增枣红、黑红等色釉。1976年，创制了炻瓷成套餐、茶具，胎质细腻，釉面光滑，机械强度高，有咖啡、谷黄、米白、紫金、浅蓝等釉色，饰以各种花边，亦有丝网贴花、印花、釉下复色彩绘等。

图 铜官窑瓷器

图　长沙窑白釉褐绿彩写意纹壶

（二）历史溯源

公元8世纪，唐代经历过开元天宝盛世之后，安史之乱轰然火起。此时，长沙铜官，丘陵起伏的古城村内窑火旺盛。窑工们依山挖出龙形的窑场，用山柴烧制瓷器。这一烧，成就了永不磨灭的铜官窑，作为世界釉下彩的创烧地，铜官窑开创了陶瓷业一个伟大的时代。

铜官窑的主要成就是釉下彩绘取得了巨大突破，改变了过去传统的单色釉和刻、划花或贴花工艺，为后世瓷器的装饰开辟了新的途径。这些瓷器在青釉下加绘彩色花纹，突破了唐以前单色青釉一统天下的局面，走出了一条崭新的发展之路。此前，世间只有青、白单色瓷器，而铜官窑的技工们在瓷器上创立了釉下多种色调，尤其是红色。红色在唐代铜官窑中惊现，虽然极少，也许偶然，但毕竟是堂堂正正地诞生了。

特别值得一提的是铜官窑器大量采用文字作装饰，当时生产的器皿上书写着诗词、谚语甚至是广告。许多铜官窑器物上特别是铜官窑执壶上可以看到许多唐人笔迹。现已发现的诗词100余首，联句和单句30余组。诗词与题句多为不曾见诸著录的唐代民间文学作品，反映了当时大众的价值观念、审美情趣和生存状态。这对当代学者研究唐代文字甚至唐代社会生活史都是大有裨益的。

铜官窑瓷器制作工艺有压花彩绘，彩绘作品题材多样。尤其令人惊叹的是在这里还生产出了许多反映北方生活和西亚文化的瓷器。如骆驼、大象、胡人骑射等。当时铜官窑瓷器的销售从湘江起航进入洞庭湖，顺长江出海远达非洲。可见在唐代，长沙已连接通往南亚、北非的海上丝绸之路。现在东欧、西欧先后发现的铜官窑瓷器，成为中欧友好交往的千年铁证。

铜官窑在唐代末期面对外地如越窑、邢窑等地的瓷器总是扬长避短。比如窑工们在胎土不如别的厂家时就生产市场没有的瓷玩具，生产湖区劳作生活的小件产品如网坠油灯，且能按用户要求随意制作，始终走着人无我有、薄利多销的生产销售路线，因此在市场上生机盎然，红红火火。这一时期的瓷器不虚骄、不执拗，表现着灵活实际的智慧。

（三）鉴赏鉴定

铜官窑始于初唐，盛于中晚唐，终于五代，时间延续300多年。其烧制出来的瓷器品种丰富，美观精致，实用性强。铜官窑瓷器在装饰艺术方面有特殊成就，尤其是釉下彩绘和釉下题诗题句，为研究唐代民间艺术和民间文学，研究唐代文学史和书法史，提供了宝贵的资料。彩绘为褐绿色，线条流畅，形象生动，人物、山水、花草、鸟兽，无不兼备。人物画如“竹林七贤”罐、“莲花太子”壶等，有吴道子画风。山水画在极为有限的画幅内，表现出风旋浪急、水卷云飞的汹涌动态和高远无垠的境界，准确地把握了处理空间的技巧。花草画主要描绘荷花、芦苇等水生植物，简洁淡雅，意境优美。鸟兽画描绘动物品种繁多，所绘动物或伫立，或飞翔，或凝神觅捕，或戏弄花蕊，各尽其致，各异其趣。彩绘画反映出铜官窑艺人高超娴熟的绘画技巧和即兴抒绘的艺术造诣，是极有价值的唐代美术作品。在瓷器上题写诗词、谚语、格言或俗语，以书法艺术和诗词的美学意味来装饰瓷器，是铜官窑的一大创造。铜官窑是中国釉下彩绘的第一个里程碑，为唐以后的彩瓷发展奠定了基础，是我国彩瓷工艺的骄傲。

三、长沙米市

长沙米市在长沙商贸史中占有重要位置，其雏形可追溯到北宋晚期。当时的潭州已能制造载米万斛的大船，往来湘江，运送大米。到清雍正初年，湘江上运米之船“千艘云集”，直销汉口，再抵江浙，盛极一时。20世纪二三十年代，长沙因为其不断增加的稻米输出，在全国粮食贸易中的地位日益突出，得以与无锡、芜湖、九江并誉，成为当时广为流传的中国四大米市。

长沙附近的易俗河成为百谷总集之区，“粮仓相比，米袋塞途，年贸易额达200余万担”。雍正四年（1726年），清政府由藩司发帖，开设各类牙行，提供交易场所，米市正式形成。长沙集镇共开设牙行35户，其中粮行就占了24户。长沙粮行的兴旺，吸引了长沙附近的小米市向省城汇集。同时出现了把稻谷加工成大米出售的人工碾坊、牛碾坊乃至机器碾坊。

到光绪年间，长沙的碾坊发展到500家，大都分布在碧湘街至草潮门沿江一带，尤以潮宗街最多，故有“米街”之称。清末民初长沙粮食行业开始分化为以加工为主的碾米业、以储粮为主的粮栈、以代客买卖为主的粮行和纯零售的米店四个自然行业。

因为多种原因，长沙在近代早期还不是湖南的中心米市，仅为一个以碾坊零售为主的内销型市场。随着商路的转移，尤其是1904年的开埠，长沙的各种潜在优势充分发挥出来，米市因而发展迅速，外销量逐年增加，到清末基本完成了向外销型市场的转变。1908年曾国藩女婿聂缉规在长沙开设的协丰粮栈小有名气。

长沙米市的兴旺，除了长沙特殊的地理、经济地位外，更主要是建立在湖南全省粮食生产相对发达的基础上的，那时湖南粮食总产量在全国居第三位，仅次于广东和四川。长沙“文夕”大火后，米市衰落。抗日战争胜利后逐渐恢复，到1947年长沙粮食行业共有企业700多家。

长沙为何会成为古代四大米市？原因在于运输便利，水陆交通发达，古时候水路运输尤其重要。长沙地处湘中偏东、湘江下游、湖南东部，自秦汉以来就是湖湘地区的政治、军事、经济、文化、教育中心，历史辉煌、文化灿烂、名贤荟萃。长沙以岳麓为屏，湘江为带，水陆洲浮碧江心，浏阳河曲绕郊外，湖泊星布，岗峦交替，城郭错落其间，唐代就已形成山水城市的风格。

长沙商业自古繁荣，手工业发达，清光绪三十年（1904年），长沙正式开为商埠。民国时期，长沙米市和“金、钱、绸、纸”四大行业享誉全国，长沙城出现了许多同行当商业街和名老字号，素有“鱼米之乡”“花炮之乡”“湘绣之乡”“陶器之乡”等美称。

江南四大米市有着共同的沿江交通便利、粮食生产丰富和商贸流通发达的优势，是在旧时农业商品经济不发达过程中产生的。它们对促进当时的粮食生产、流通起到了积极的作用，也对当地的社会发展、农民生活和商业经济产生了深远的影响。

四、茶马古道

在安化的崇山峻岭和山涧溪流之间，绵延着一条神秘的茶马古道。茶马古道是指唐宋以来至民国时期，连接内地产茶区和西北、西南边疆少数民族地区，进行茶马交易的交通要道。如今，安化茶马古道作为南方最后一支马帮的遗址，马帮部落翻山越岭，探索生死之旅的冒险精神犹存。

安化素称茶乡，产茶历史悠久，唐宋时期，茶叶产量誉甲天下。明时期，所产“云雾茶”“芙蓉茶”驰名中外，成为朝廷贡品。明嘉靖年间创制黑茶远销西北诸省。到 16 世纪，安化黑茶取代四川茶叶，居全国领先地位。因此，运输茶叶的船只、马队格外繁忙，养马之风渐兴。从资水的唐家观，经江南、陈王、洞市，至新化，为了方便马帮运输茶叶等商品，商家集资修建了数百里的青石板茶马专道。

“马帮”和“茶马古道”，凝聚和集中了物流和人流。在茶马古道经过的好些水陆、陆陆交汇点，渐渐形成了集镇、驿站，以方便马帮和过往商贾行人买卖商品，住宿歇足。唐家观、江南古镇、永锡桥、洞市老街、新化圳上、白溪、隆回滩头、宣庆这些老市镇，便是随茶马古道的诞生发展而来的。资江边八大茶镇加工出的茶叶，大都是走水路，由汉口中转，再向西北，连上川陕、川藏的茶马古道，最后进入丝绸之路。抗日战争期间，运茶通道被阻断，安化茶叶积压，产业跌入历史低谷。“黑茶理论之父”彭先泽两次西北万里行，沿资江向上，从溆浦到黔阳，走贵州入四川，开辟了新的茶马古道。

马帮及赶马人作为一个特殊的社会群体，生活在安化大山深处已有千年以上。他们身上的精神特征是过去追求安居乐业，向往平和中庸的许多中国人身上所缺乏的。马帮身上最突出的特征就是冒险精神，为了生存，为了贸易获利，他们几乎是以自己的生命去冒险。马帮的勤勉精神也让人称道。他们抛家别子，风餐露宿，常常逾年不归，随时要与恶劣的自然环境和糟糕的天气做卓绝的抗争。不论路途多么漫长，马帮都要一步步走过来，容不得懒惰和迟疑。马帮还具有难能可贵的亲和力、包容性和合作精神。在外闯世界，常常要跟各种各样的人打交道，遇人遇事，他们宽让容忍，和气为上。他们知道，在茶马古道上争道路，争草场，争顾客货物，只会两败俱伤。同时，马帮最讲诚信。在过去的非法治社会，一支马帮要生存下去，靠的就是信誉和信用。赶马人从来都是说一不二，说到做到，绝无戏言。否则，就会送断自己的财路甚至生命。

茶马古道是一条人文精神的超越之路。马帮每次踏上征程，就是一次生与死的体验之旅。茶马古道的艰险超乎寻常，然而沿途壮丽的自然景观却可以激发人潜在的勇气和力量，使人的灵魂得到升华。茶马古道上的先人足迹和马蹄烙印以及对远古千丝万缕的记忆，将幻化成华夏子孙崇高的开拓创业精神。这种生生不息的拼搏奋斗精神，将在中华民族的发展历史上雕铸成一座座永恒的丰碑，千秋万代闪烁中华民族的荣耀与光辉。

图　茶马古道

五、宝庆码头

武汉市汉正街的板厂、宝庆、永宁三个社区，在解放前叫宝庆码头。据传，宝庆码头有300多年的历史。“宝庆”就是现在的湖南邵阳市，其名称的由来与邵阳有关。

明清时候，湖南宝庆府辖新宁、新化、邵阳、武冈等地，那里地瘠粮少，人们有外出谋生的传统。汉口“九省通衢”，水陆交通发达，是理想的商品流通的大市场。清朝嘉庆年间始，宝庆商贾利用一种叫作“毛板船”的水上运输工具，征服水流湍急和礁多滩险的资江，一路向东，源源不断地把当地盛产的竹木、煤炭、土纸、茶叶、桐油、生漆、生铁和锑矿等物产运到汉口集家咀，最后将毛板船拆作木料与货物一同卖掉。这样既节约了造船成本，又省去了返程时逆水行舟的时间，从而大大提高了运输效率和效益，获得了更多的利润空间。船上的水手，有的留在汉口做了码头挑夫，有的靠岸就地贩卖运来的物产，成功开起了牙行。久而久之，宝庆人在此“安营扎寨”，在汉口集家咀附近或盖房或搭棚子居住，还修建了五层楼的同乡会馆，并建设了专用码头——宝庆码头，形成了以宝庆府人为主的居民片区。

凭着这种敢于拼搏和征服险阻的精神以及丰富的航运经验，宝庆商人在汉口开创了一片天地。之后，来“淘金”的宝庆人越来越多，于是形成了一个“宝庆帮”。他们团结对外，建立了威震长江的宝庆码头。

一直到20世纪50年代，宝庆码头大多是木板房，人口非常密集，巷道纵横交错，外人走进来，就像进了“八卦阵”，不经意就会迷路。1958年和1959年的两场大火烧掉了大半房子。重建后的宝庆码头，木板房早已成了砖瓦房。但是，人们走在街巷中，还是不时能听到浓浓的湖南宝庆口音，宝庆三街的菜场里，湖南风味的白辣椒、腊肉和猪血丸子，还是卖得很俏。汉口这座国际化商业城市，就是从一条叫‘汉正街”的街发展起来的，而汉正街，又是在宝庆码头的基础上形成的。今日汉正街上绝大多数老居民，大多是湖南宝庆人的后代。

宝庆码头距离汉水的注江口——集家咀只有一箭之遥，在汉口沿河大道20余个码头中鼎鼎有名。解放前，湖南宝庆人凭着勇气、倔强，在此形成了自己的势力王国。

图　清末宝庆码头

图　20 世纪 30 年代汉口宝庆码头附近的江汉关

六、洪江古商城

洪江古城历史悠久，自古是驿站，是商埠，是烟火万家的巨镇，距今已有 3000 年文明历史。历史上以集散洪油、木材、白蜡等而闻名于世，素有“七省通衢”“小重庆”“小南京”“湘西明珠”“西南大都会”之美称，是湘西南政治、军事、经济、宗教、文化中心。

（一）古商城历史

洪江古城位于湖南省西南部雪峰山区，地处国家中部崛起、西部开发战略的桥头堡位置，是怀化市的老工业基地。邵怀高速洪江段连接线贯穿城区，两座沅水大桥把新老城区与高速公路相连。明朝以来的数百年间，一直为湘西南重要商埠之地。

洪江历史悠久，距今已有 3000 年文明历史，古为驿站、商埠，得沅、巫两水，水运便利，发展为烟火万家的巨镇，20 世纪 50 年代初为湖南省九个省辖市之一。70 年代末改革开放初期，洪江与怀化同属原怀化地区的两个县级市。进入新世纪后，被省委、省政府确定为怀化市直辖的县级区。

3000 多年前的中国还是奴隶社会，商业文明初兴之时，洪江就有先民活动。据称在洪江当地出土的文物中，发现了古印度时期的货币。我国著名的民俗专家林河先生认为，中国最早的丝绸之路是3000年前商代开始的水上丝绸之路，作为重要的水上航道——沅江，成为水上丝路的黄金通道。洪江因地处沅水和巫水的汇合处，即这条黄金通道的咽喉要塞，成为五省通衢，一直以来发挥着物资转运的重要职能。

洪江早在明代万历年间就已形成一定规模的物资交易、集散市场。作为最早的港口商埠，店铺林立，作坊成片。明清时期更是成为湘西南扼守湘、滇、黔、桂、鄂物资集散通道的商贸重镇。明清以后，洪江商贾云集，店铺如林，沅巫两岸千帆竞发。清康熙二十六年（1687年），文人王炯在他的《滇行日记》中有“烟火万家，称为巨镇”的记载，并以“商贾骈集，货财辐辏，万屋鳞次，帆樯云聚”来形容当时商贸兴隆的洪江。据民国《中国实业志》记载，洪江古商城以集散洪油和木材闻名于世，当时洪江的货币流通量居湖南省第二位，仅次于省会长沙，成为湘西的政治、经济、文化中心。在全国轰轰烈烈的抗日战争时期，洪江因为地处偏远，免受战祸，出现过“战时繁荣”，全国20多个省市和港澳台地区及外国的商人纷至沓来，在这里开设店铺达1300余家。

当时，西南山区的木材、桐油、药材、土纸由洪江经水路外销。早在古楚吴之争时，洪江就是楚国有名的桐油产地。贵州和湘西的木材也从洪江集散，成为皇宫、贵族的上等栋梁之材。从沿海运回的食盐、布匹、百货则散往湘、黔、鄂、桂、滇边远山区。因为在洪江的身后有上海和江南沿海一大片广阔市场，西南需要的百货也必须从这里集散，因此洪江曾是淘金者的乐园。

图　洪江古商城全景

（二）洪江品牌：洪油

洪油是以桐油为原料，在仿效“秀油”制作方法的基础上，改进加工工艺成为独具特色的洪江土特产品。历来运销江、浙、皖、粤等沿海各地，防腐、防蛀，是木房、船舶、农器具的优良涂料。因色泽乌红，质量好，原名红油，因盛产于洪江，故名洪油。

洪油业的兴起，始自清朝中叶，自同治三年（1864 年）张积昌创立至辛亥革命（1911 年），著名的牌号有张积昌、高灿顺、杨三和、徐复隆、恒源永、朱志大、庆元丰。辛亥革命后至抗日战争爆发（1937 年），著名的牌号有徐复隆、杨恒源、庆元丰、万太和、刘万亿、肖恒庆、恒庆德、刘庆丰、徐荣昌、刘同庆（经营两个牌号，另一牌号称刘安庆）、乾太源、永兴隆、吉盛丰、大昌丰共十四家。号主多为江西或江苏人，分江西、江苏（也称邵佰帮）两帮。除米志大、吉盈丰、大昌丰为江苏帮外，余均为江西帮。江苏帮总号设在镇江，江西帮总号设在洪江。洪油业的兴盛，带动了为之服务的圆桶、裱糊业的发展。昔日的洪油包装皆以木桶、篾篓为容器，用皮纸内外裱糊密封，可免渗漏。制桶、裱糊集中在天王庙附近，与榨炼、运输一起，容纳了不少劳动者就业。

湘黔边区六龙市、江市、托口、广坪、连山、朗江、远口、青溪、下司等地盛产桐籽，洪江油商分别在各地设榨坊置备榨、炼器具、仓库等设施，秋季收购桐籽，冬季招季节工人炼制。定量包装，翌年端午节前完成。春夏之交，江水漫涨，乃雇木帆船驶运常德转交轮船运武汉，再转江轮运销镇江、上海。油商销售所得部分款项，买回纱布或南杂货物，溯江而上，两得其利。洪油油商因其经营深购远销、集制炼运销于一体，稽延时日，周转缓慢，没有坚实雄厚的资金无法经营。如清末张积昌，号称百万（银两）之家；民国以来徐荣昌拥资百万银元；原洪江市政协副主席刘松修的刘安庆油号，资产曾达 70 余万银元。1934 年因时局不靖，洪油业颇受冲击，油号仅存 7 家。其中清代老店仅庆元丰、恒昌永、吉盈丰 3 家。7 家油号总资本 51 万银元，年营业额 180 万银元左右。1950 年私营油业增到 11 家，次年组建公私合营植物油公司，1954 年油脂统购统销，私营洪油业先后转向，由国营洪江植物油厂经营。

（三）洪江商帮

洪商作为一支重要的社会经济力量，雄踞于大西南，长期执掌内陆山区金融及内外贸易之牛耳，二十几家钱庄，三十几家票号，九大银行，盛极一时。“货币流通，占全省第二”，是大西南金融划拨中心，其经济实力与全国十大商帮相比，也难分雌雄。

明代中叶，随着国内资本主义工业的萌芽和兴起，商品交易空前发达，洪江商人以善于经营商品交易的智慧和才能，乘势崛起，在内陆地区逐渐形成一股以地域关系、乡土纽带为特征的商行帮会群体。

洪江商帮的概念，是全国各地商人久居洪江，繁衍生成的商贾群体，他们集十大商帮之长，避十大商帮之短，在激烈的商战打拼中，逐渐形成了完整的市场体系和产销网络。洪江商人正是通过自己营造的黄金码头来集散货物的。

洪江商人从不做“引车卖浆，织席贩履”之类的小买卖。他们懂得，“十人不如一牛，十牛不如一车，十车不如一船”的道理，他们敢于打造纵横沅水、长江流域的“巨无霸”船只来运输洪油、食盐、布匹、南杂、土药，靠诚信和质量来积累财富。据《中国实业杂志》记载：“洪江其富直逼长沙。百万之家以数十计，全城四万人左右，经商营业者竟达半数。”

洪江商帮在经营活动中很重视发挥群体力量，他们用宗法社会和乡里之谊彼此团结在一起，用会馆维系和精神上崇奉关圣的方式，增强相互间了解，通过讲义气、讲相与、讲帮靠，协调商号间的关系，消除人际间的不和，形成大大小小的商帮群体。所谓“五府十八帮”就是一个各自为帮，又相连为团的商业组织。而这些商业组织又归属“十大会馆”领导。由于洪江历史上没有县治，是一个先市后城的城市，故而“十大会馆”不仅是一个经济组织，而且取代了政权组织，社会地位极高。洪江商人，独一无二享有这样的优越条件和优越环境。因而洪江商帮在经营贸易活动中，能够独自运作、抢占先机，充分施展自己的经营理念和经营策略。这些都是全国十大商帮，可望而不可即的。

洪江商帮的群体精神在商业经营中的表现有三种形式：

其一，从朋合营利到合伙经营。这是最初的群体合作形式。朋合营利就是一方出资，一方出力，有无相资，劳逸共济。而合伙经营是一个人出本，众伙而共商，也就是财东与伙计合作经营，一个财东可有许多伙计。洪江富商张积昌、高灿顺、朱致大、梁湘帆以及后来的庆元丰、刘同庆、刘安庆等都是采用这两种经营形式后兴盛的。

其二，按地区形成商帮。这一形式，是在朋合营利和合伙经营基础上，以地域乡人为纽带组成大群体。有来自全国十八个省，二十四个州府，八十多个县的商人在洪江设立会馆，这是形成洪江商帮的重要标志，如以江西帮为代表的“五府十八帮”和“十大会馆”。因利益需要，组成强有凝聚力的群体联系，这种不分地缘的商帮网络结构，使洪江商帮得以迅速扩张，并在明末清初成为内陆山区的第一商帮。在此意义上，洪江商帮涵盖了在洪江所有参与经商的外地人。

其三，以联号制和股份制形成业缘群体组织，联号制是由一个大商号统管一些小商号，类似西方的子母公司，从而在商业经营活动中发挥了企业的群体作用。如洪江的“八大油号”就是采用这种产权与经营权相分离的经营形式。他们在洪江本土设立总号，在上海、重庆、武汉、贵州等地设立分号。这种联号制和股份制，使劳资双方均可获利，极大地调动了全体员工的积极性，在商业企业经营中起到了更大更多的群体作用。

图　洪江盛丰钱庄

图　洪江宝庆会馆

图　洪江淮盐缉私局

洪江商帮虽立足偏僻之地，但有“海纳百川”的胸襟，从不排斥外地商帮对本地盘的渗透，且敢于吸收外地商人进己帮，推进了自身帮系的发展。洪江商帮之所以能在强手如林的各大商帮中崛起，是因为有良好的经商心态和大度胸怀。洪江商人认为“天下的钱，应由天下人来赚”。洪江商人对待顾客、商家，无论大小，都以诚相待。销售商品绝不缺斤短两，务必货真价实，他们信奉“对天勿欺，待人以恕”“居仁由义”“以义取利，利以义制”“吃亏是福”的警语。洪江商人用团帮精神和实力征服客户和市场，开创了洪江古商城的财富神话。

第二节 百年砥砺

1840年，英帝国主义为了实现全球化扩张，把中国拖入了半殖民地化的泥潭中。面对民族危亡，血性的湖南人冲锋在前，不仅在政界、军界吹响了“救亡图存”的号角，在商界也奏响了“实业救国”的时代最强音。百年砥砺，近代湘商隐在历史的幕后，顽强地撑起民族工业的大厦，踏地留痕，给我们留下了许多可歌可泣的故事。

一、长沙海关与百年商业老建筑

长沙是湘商的大本营，1904年7月长沙开埠后，外国侵略者的经济触角延伸至长沙的街头巷尾，湘商在夹缝中艰难发展。一栋栋建筑，一间间商铺，留下了湘商当年奋斗的许多历史痕迹，虽然文夕大火将大多数商业老建筑烧成了灰烬，但它们永远铭刻在我们的记忆里。

（一）长沙海关公廨

清光绪二十八年（1902年）、二十九年（1903年），清政府先后与英、日订立《中英续议通商行船条约》和《中日通商行船条约》后，将长沙辟为商埠，1904年7月1日开关，先在小西门设立海关，后又于潮宗街设新海关。此两处建筑均在1910年“湖南风潮”被焚毁，故于1911年重建海关公廨于橘子洲。

长沙海关公廨旧址位于长沙市橘子洲中部橘子洲大桥下，为长沙近代中西合璧式建筑。公廨占地约800平方米，建筑面积约1152平方米，二层楼房，坐东朝西，砖木结构，花岗石墙基，联拱敞廊，屋面为绿色瓦楞钢板瓦，外以围墙围护。另有“长沙新关”界碑一通，立于旧址附近。2002年5月19日，长沙海关公廨公布为省级文物保护单位。

图　1904 年建于小西门外的长沙海关公廨

（二）长沙国货陈列馆大楼

长沙国货陈列馆建于 1932 年，地址在今中山路。为西洋风格的 7 层建筑，有 16 根罗马柱。它在当时是长沙最高、最雄伟的建筑。20 世纪 30 年代初，日货排山倒海般倾入中国，国民政府工商部命令各省设立国货陈列馆，以提倡国货，挽回利权。

早年留学美国的刘廷芳接领了筹建国货陈列馆的任务，筹款 62.64 万银元建成的国货陈列馆，主体为三层大楼，门廊并列 16 根圆形立柱，三楼顶部正中再增加四层，顶上立钢管旗杆构成尖塔形，气势雄伟。它是当时长沙最高最雄伟的钢筋水泥建筑，也被蒋介石誉为“全国首屈一指之国货陈列馆”。

1938 年文夕大火，钢筋水泥的国货陈列馆未遭破坏。新中国成立后，国货陈列馆更名为中山路百货大楼。从 1951 年至 1991 年，中山路百货大楼一直是长沙市规模最大效益最好的百货大楼。20 世纪 80 年代初，中山路百货大楼改扩建，向北推进 40 多米，主体三层扩建为五层，面积由原来的 3000 多平方米扩大为 10000 平方米，16 根罗马柱被包裹成方柱。

图 长沙国货陈列馆大楼旧照

（三）利生盐号

利生盐号创建于清咸丰三年（1853 年），由长沙河西人胡自成开设，主营食盐、茶油，兼营棉花、棉纱、桐油等，着重零售，辅以批发，因经营有道，货真价实，日售银千余两。1956 年实行公私合营，转入长沙盐业公司。

图 长沙利生盐号旧址

（四）洞庭春茶馆

洞庭春茶馆位于西牌楼 85 号，是长沙老字号中以原有建筑为店铺延续至今的唯一一家茶馆。民国时期，被誉为长沙四大茶馆之一。这里的茶客主要是太平街一带的行栈老板和经纪商。如今，这里仍然保留着清一色的方桌板凳，一壶茶，茶客可以安然坐上半天，成为长沙老茶馆的活化石。

图　长沙洞庭春茶馆

二、湖南百年商业老字号

（一）火宫殿

火宫殿，又名乾元宫，始建于清乾隆十二年（1747 年），距今已有 268 年的历史，道光六年（1826 年）重修。火宫殿附有火神庙、财神庙、弥陀阁、普慈阁等建筑，面积 6000 余平方米。1938 年文夕大火，殿宇焚毁殆尽，1941 年重修。仅恢复火神庙堂，废墟搭建棚屋。其时小商小贩、三教九流，杂居其中，几乎可与旧日北京天桥、南京夫子庙媲美。而经营饮食者最多，其风味小吃，为老长沙居民及南北美食家所称道。建国后，市场日益繁荣，饮食业日趋发达，到 1956 年公私合营乃成立火宫殿饮食店。1959 年、1960 年，先后拆除棚屋，兴建楼房，辟为对外开放单位。1984 年、1992 年又两度修葺，店堂楼庭，踵事增华。自改革开放以来，百业兴旺，旧有规模，远不能满足人民群众之需要。2001 年长沙市人民政府规划将坡子街建设成为美食一条街。同年五月，火宫殿有限公司在各级政府与长沙饮食集团总公司之关怀支持下，筹集资金 1000 万元，进行改扩修建，重塑火神像，恢复火神庙、古戏台，漆饰火宫殿牌楼，增设石牌坊等。2002 年 2 月，新建的火宫殿竣工。茶园戏台、书场、艺苑，俱增旧制，而楼台亭阁，景物全新，风华胜昔。营业面积达 7000 平方米，规模之大，设施之全，前所未有。

火宫殿的风味小吃享誉三湘，一批各具特色的风味小吃相继恢复和涌现，名之“八大小吃十二名肴”。比如，著名的姜二爹的臭豆腐、姜氏女的姐妹团子、周福生的荷兰粉、胡桂英的猪血、邓春秀的红烧蹄子、罗三的米粉、陈益祥的卤味、胡建岳的牛角饺子等都是小吃的代表，其中以臭豆腐声誉最高。据传，臭豆腐创始人姜二爹 12 岁学艺，从师访友，潜心钻研，做出的臭豆腐，闻起来臭吃起来香，具有鲜、香、辣和外焦内嫩的特点，令人回味无穷。毛主席阔别故乡三十年，1958 年回湘，仍惦记火宫殿的臭豆腐，前往视察。

图 长沙火宫殿牌楼

（二）玉和酱园

据记载，江苏苏帮酿造大师董玉和于清朝顺治六年（1649 年）来湘开设酱园，并以自己的名字命名为“玉和酱园”。其原址位于古城小西门，现长沙的玉和园巷，就因此得名。

民间曾广泛流传“陈年老醋出坛香，‘玉’字封泥走四方”的说法，可见玉和酱园当年的兴盛。玉和酱园自其创始人董玉和后，几易其主，但牌名一直保存，新中国成立后，“玉和醋”得到进一步发展，至今仍在生产。

图　长沙的玉和醋已有 300 多年历史，曾是中国三大名醋之一

图　玉和酱园旧址

（三）玉楼东

玉楼东始建于清光绪三十年（1904 年），初名玉楼春，取白居易《长恨歌》中“金屋妆成娇侍夜，玉楼宴罢醉和春”之意。而后因玉楼春酒家正好位于老长沙青石桥的东茅巷口，故以“东”字取代“春”字，正式命名为“玉楼东”酒家。

“玉楼东”真正声名鹊起可追溯到 1920 年，当时号称“湖南第一厨”的谭奚庭在此掌勺主理。谭氏早期为殷实户操办酒宴，后受雇于江苏盐商朱乐堂当私厨，故其所制菜点果品除了具有浓厚的湘菜特点外，还兼具淮扬风味。“玉楼东”成为当时达官贵人宴请宾客的首选场所。近代翰林出身的著名书法家曾广钧为其题诗曰："麻辣子鸡汤泡肚，令人常忆玉楼东。"

"玉楼东"执掌湘菜之牛耳后，并未停滞不前。它不墨守成规，不泥古，既对历史文化有考究，又洞悉当今社会之变化，在继承传统优秀湘菜文化的基础上加入现代元素，继承中创新，使得这个百年老店日益焕发出新鲜生命力。据《玉楼东志》载："集湘菜之大成，传湖湘之文化，品名师之技艺，掀美食之新潮。"

麻辣仔鸡、发丝牛百叶、曾府汤丸、霸王举鼎等一个个经典湘菜，尽享美味，真有余味盈月之感。据悉，这些名菜都曾在历届全国烹饪大赛上荣获过金牌，酱汁肘子多次荣获全国金牌奖。此外，玉楼东的风味小吃如火锅、药膳、烧烤、蒸菜、炖菜、湘点、稀饭、素点等，也受到食客普遍欢迎。

图 玉楼东五一路店

（四）甘长顺

"甘长顺"由汨罗人甘长林创建于清光绪九年（1883 年）药王街。因取"长治久顺"之意，故面馆名"甘长顺"。甘长顺开张伊始，生意颇为兴隆，但不久因资金短缺、市场萧条，经营出现危机。正当难以维持之际，适逢邻居一富翁做寿，在"甘长顺"订寿面一千碗，大开流水席面，又遇光绪皇帝 20 岁御寿，长沙城内市民都以吃寿面为荣，"甘长顺"借机得以摆脱困境，并大获其利。到 1918 年，甘长林之子甘寿鹏接手，经大力整顿，注重质量，讲究用料，坚持薄利，服务热情，"甘长顺"品

图 甘长顺面馆旧照

图 杨裕兴门店

牌得以再振。据传当时湖南督军谭延闿擅对无情对，曾以该店面的“鸡丝火”对“鸦片烟”，更使甘长顺声誉鹊起，成为长沙市内第一流的面馆。蟹黄面、寒菌面亦由该店起始，后逐风行全市。“文革”期间，甘长顺面馆一度被更名为“东方面馆”，1986 年复用旧名。

（五）杨裕兴

“杨裕兴”位于长沙市芙蓉区解放西路（原解放路）南侧，为三层仿清宫殿式建筑。新中国成立后，杨裕兴面馆以公私合营的方式进行了社会主义改造，1988 年实行经营承包责任制。1996 年、2000 年、2004 年，三次对店堂进行大规模装修改造。2001 年组建成立的“长沙杨裕兴有限公司”，致力于面食文化的发掘和品牌连锁经营。

杨裕兴面馆所做面条很早就享有盛誉。其特点是注重合理选料，精工制作，调料讲究。如面条讲究新鲜，煮面条的水讲究宽、清、开，讲究随到随制，新鲜可口。有炸酱、酱汁、虾仁、蟹黄、瑶柱、三鲜、鸡丝、酸辣等品种。其面条全部采用手工擀制，面质优良、精细均匀，下锅不粘不稠，吃起来极有韧性。其油选料考究、制作精良、色香味俱佳。60 多个花色品种各具特色，顾客可以根据自己的口味喜好自主选择。“杨裕兴”最受顾客青睐的有本鲜面、酱汁面、虾仁面、鸡蛋面、卤子面、“七星伴月”等。

（六）九如斋

“九如斋”始创于 1915 年，由绸缎庄的股东饶菊生创建。开办的动机，据说是饶菊生与某人聊天，谈起长沙的吃食方面是“有钱难买称心货”。饶菊生听后甚觉有理，于是决定在是年冬季年节到来之前，筹备开办南货店。他的一个堂弟尺珊说：“《诗·小雅·天》中云‘如山如阜，如岗如陵，如川之方至，以莫不增……如月之恒，如日之升，如南山之寿，不骞不崩；如松柏之茂，无不尔或承’。诗《天保》篇中又连用九个‘如’字，以‘天保九如’为祝寿之辞。我看你要取店名，不如就用‘九如’吧，不仅吉祥、有福寿绵延不绝之意，又含敌克三元斋、三吉斋、三多斋（指当时的三家南货店）之势。”于是“九如斋”便诞生了，并在以后的 20 多年间（文夕大火前）成为闻名于世的南货店。当时长沙南货店中有三家冠以“三”字的名店：“三元斋”“三吉斋”“三多斋”。因此，“九如”也有“克三”之意。有副趣联的上联就是“三元斋三吉斋三多斋三三如九九如斋”。

图 九如斋糕点印版

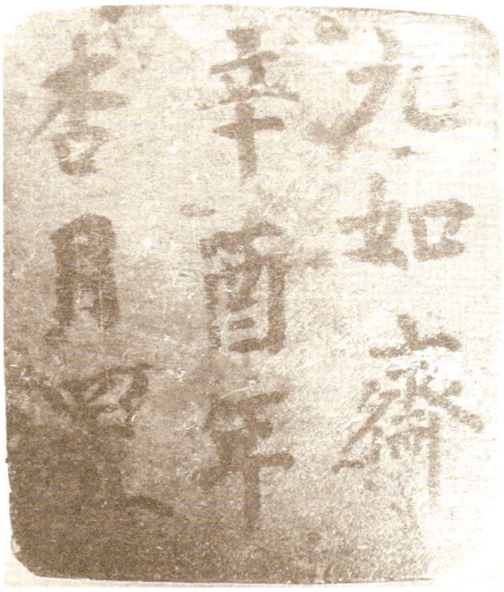

图 九如斋题款

（七）第一春

常德市清真第一春餐饮有限公司，中华老字号，行业知名品牌，饮食、餐饮行业最具竞争力品牌之一，常德市服务行业优秀品牌，中华餐饮名店。2007 年，经升级改造，清真第一春楼高由 5 层升至 10 层，面积由 2000 平方米扩至近 7000 平方米，装备两台电梯和中央空调，拥有客房 125 间，具有住宿、餐饮、会议接待、美容美发等多种功能，并为穆斯林专设小型礼拜堂，达到三星级宾馆标准，成为常德市首家清真风格宾馆，同时也是湖南省目前规模最大的清真风格宾馆。

（八）亿昌

周国栋先生于1998年成立“沅江亿昌食品有限公司”。公司现有固定资产120多万元，流动资产50多万元，厂房占地面积7800平方米。公司拥有高级管理人员4名，糕点专业技术人员8名，吸纳下岗工人36名。目前，公司开发了国内最先进的麻香糕半自动化专业生产线，单线年产量200吨以上。产品除以洞庭湖区营养丰富的芝麻、糯米生产的低糖健康绿色食品麻香糕外，同时开发了牛皮糖、麻糖卷、砂仁糕等多种传统糕点食品。

（九）德茂隆

长沙市德茂隆食品工贸有限公司是一家历史悠久的食品、饮料企业，是经国家相关部门批准注册的企业。公司位于长沙市天心区沙河街76号，主营豆制品。公司获得商务部颁发的“中华老字号”，是湖南省调味品协会副会长单位、湖南湘菜产业促进会常务理事单位、长沙豆制品协会副会长秘书单位，与湖南农业大学食品科技学院签订了“校企技术合作协议”，是其教学与实践基地，通过了湖南省质量技术监督局的食品质量安全生产许可认证（QS），被评选为“湖南省消费者权益保护首批诚信单位”。产品荣获中国农业博览会金奖、中国中部（湖南）国际农博会金奖、湖南省优质产品等荣誉。公司致力成为“最受尊敬和喜爱的餐桌食品供应商”，为使德茂隆这块金字招牌重放光彩，成为湖南食品行业的领导品牌，一直在努力拼搏。并且正在兴建大规模生产基地，决心打造“德茂隆”这个百年老店新的百年传奇。

（十）黄春和

2001年7月，“长沙市黄春和实业有限公司”成立。为使老字号得到发扬光大，满足消费者的需求，近几年公司在全市不同的地域开办了5家直营店和10家加盟店。其经营的米粉素以选料考究，制作精细，风味独特，爽口鲜美而著称。1993年“黄春和粉馆”被国家内贸部授予“中华老字号”荣誉称号。公司为进一步扩大“黄春和”的知名度和社会影响力，利用名牌老店的优势，拟在湖南省的其他城市开设分店，并力争在时机成熟时发展全国连锁企业，使“黄春和”品牌不断做大做强。

（十一）龙牌酱业

2002年7月成功改制为民营企业，2003年8月更名为湖南龙牌酱业集团有限公司。为充分利用企业现有资源，发展壮大龙牌产业，由集团公司出资5000万元分别注册成立了湖南龙牌酱业集团贸易有限公司、湖南龙牌酱业（集团）房地产开发有限公司、湖南龙牌酱业集团广告装潢有限公司、湖南龙牌酱业（集团）钜明房地产开发有限公司、湘潭市湘楚龙城酒店娱乐休闲有限公司。成为集货物贸易、房地产开发、广告装潢、娱乐休闲于一体的多业并举、拥有自营进出口权的现代化企业集团。

目前集团公司已顺利通过了ISO9001:2000质量体系认证。公司主要产品畅销全国市场，龙牌酱油素以色泽鲜艳、体态浓郁、咸甜适口、久储不变质的特点深受海内外消费者的喜爱，系国家长期出口产品，其中丰收牌鲜汁酱油远销东南亚及欧美市场，至今已有40多年的出口历史。具有深厚酱文化内涵的湖南龙牌酱业集团，将凭借自身的品牌优势和多元化于一体的经济实力，着力塑造品牌形象，整合优势资源，为市场提供高品质的产品满足广大消费者的需求，以团结务实、继承迎新的精神，把企业发展成为规模大、功能全、经营活、效益好的现代企业集团。

（十二）又一村

又一村有限公司现为国有中二型企业，拥有固定资产2000多万元，主营餐饮服务，现有职工429人，国家高级、特级厨（技）师18人。英国剑桥国际名人传记协会会员、国家烹饪评委王墨泉，国家烹饪评委张力行两位中国烹饪大师担任公司技术总监。又一村公司是长沙名牌老店，创建于解放前，在国内外均具有较大的知名度。是湖南省首批涉外饭店，曾接待过欧、美、日、法、德等国及港、澳、台众多贵宾。1996年耗巨资从香港引进先进快餐厨房设备，率先在湖南经营快餐盒饭，逐渐扩大到1998年成为中国快餐四强之一，年销售突破4000万元。

（十三）九芝堂

九芝堂股份有限公司是国家重点中药企业，湖南省重点高新技术企业，国内上市公司。以长沙为总部，分别在浏阳、成都、海南建立了多家子公司，已发展成为拥有总资产15.5亿元、净资产12.3亿元，下辖7家直接控股子公司、3家间接控股子公司，年销售过12亿元，利税过3亿元的工商一体化的现代大型医药企业。公司综合经济实力在湖南省医药行业排名第一，在全国医药上市公司中排名二十强之列，是湖南省质量管理奖企业。公司医药工业主要生产线均通过国家GMP认证，医药商业的批发与零售通过国家GSP认证。

主要经营范围有：生产、销售（限自产）片剂、颗粒剂、茶剂、丸剂（蜜丸、水蜜丸、水丸、浓缩丸）、煎膏剂、糖浆剂、合剂、口服液、灌肠剂（含中药提取）、中药前处理、中药饮片（以上凭本企业许可证书在核定范围内经营）；生产、销售保健品、食品、乳制品、食品添加剂、饮料、日化用品及化妆品；销售医疗器械、化学试剂；提供产品包装印刷及医药技术咨询服务、健康咨询服务；医药科技开发；医药产业投资；经营商品和技术的进出口业务（以上法律法规限制的除外）。公司年销售额过亿元的产品有3个：驴胶补血颗粒、斯奇康、浓缩丸系列；年销售额过千万元的产品有4个：裸花紫株片、乙肝宁颗粒、足光粉、补肾固齿丸。其中驴胶补血颗粒年销售额超过2亿元。

（十四）老杨明远

2005年老杨明远眼镜股份有限公司成立。“老杨明远”在湖南三湘四水家喻户晓，海内外也颇具盛名，作为辗转近四百年的企业，经过无数历史的磨难，屡更店主，前仆后继，作为非公有制企业，百折不挠地屹立在社会主义市场经济中。1997年国家内贸部颁发给公司的我国私营企业首批“中华老字号”的证书、铜牌，至今也是湖南省私营企业唯一的“中华老字号”。湖南老杨明远眼镜有限公司发展到长沙、株洲、衡阳等地，靠的是先进的技术、过硬的质量、优质的服务以及完善的管理，至今已发展拥有十几家公司，且一直稳步扩张。

（十五）凯旋门

长沙市凯旋门摄影有限责任公司，原长沙市凯旋门摄影公司，是湖南省特级照相企业，在各个时期以其雄厚的实力、精湛的技艺成为享誉三湘的摄影明珠。1993年荣获“中华老字号”“中国十大杰出影楼”荣誉称号。2003年8月荣获“中国摄影业百强企业”称号，董事长龙立荣获“中国摄影业管理成就奖”。2004年11月荣获“中国摄影名店”称号，2005年5月荣获“全国放心消费影楼”称号，多次被长沙市委市政府授予“文明单位”称号。

三、近代湘商会馆

近代以来，湖湘子弟以敢为天下先的气魄，在中华大地上纵横驰骋，为拯救中华而奔忙。湘商作为这一伟大事业的经济支撑，曾利用全国各地的湖南会馆，构筑起一张庞大的湘人经济版图。在这一扇扇朱漆大门中，曾发生过多少湘商的爱国故事，演绎过多少湘商的商业传奇。

（一）北京的湖南会馆

清代北京城内有两座湖南同乡会馆，均由湘籍京官创建。清雍正分省之前，湖南在京尚无同乡会馆。同治十一年（1872 年），谭嗣同之父谭继洵与几位在京湘籍官员购得北半截胡同官房一所，作为湖南省公产。光绪十三年（1887 年）八月，在京湘籍官员又在菜市口朝南的烂漫胡同内购房一所，设湖南会馆。在这条烂漫胡同中间西侧，有一所六层院落数十间房的县馆湘乡会馆。该馆由清代重臣曾国藩创建。从湘乡会馆南行数十步，即为省馆湖南会馆。据《北京湖南会馆》载："馆共三十六间，内设戏台一座、文昌阁楼一座、东厅署、望衡堂、西厅及中庭均横敞，为平时集合之所。"会馆的朱红大门外蹲石狮一对。南房壁上嵌有光绪十年（1884 年）长沙徐树均重摹镌刻的苏东坡书《明州阿育王广利寺宸奎阁碑》。会馆另有馆辖公产义园二处、祠堂二处。

北京湖南会馆为湖南学子进京赶学安歇之处，民国后逐渐成为湖南同乡、学子赴京求学或谋生的旅居之所。

图　北京湖南会馆

（二）山东、福建的湖南会馆

青岛两湖会馆建于 1931 年，原为湖北、湖南两省在青岛同乡组织的两湖会馆馆舍。占地 2993.34 平方米，建筑面积 777.19 平方米。位于大学路 54 号，今为大学路小学所在。时任青岛市长的沈鸿烈为两湖会馆题写了碑文。

福建湖南会馆位于福州市鼓楼区杨桥中路善化坊内，始建于清咸丰年间，原建筑群占地 2500 多平方米，今已不存。

图　福建湖南会馆遗址

（三）江苏的湖南会馆

南京湖南会馆位于南京钓鱼台，为晚清客居南京的湘籍商人和各界人士会聚之所，是当时“金陵各省会馆中之最大者”。

扬州湖南会馆坐落在扬州南河下街，系湘籍盐商于清光绪年间所建。清末，湘籍盐商在扬州盐商中是一个重要群体，其中的唐仓崧、王辅周、魏次庚三人均跻身扬州八大盐商。

图　南京湖南会馆内景

图　扬州湖南会馆门楼

（四）四川、重庆的湖南会馆

四川湖广会馆位于成都市龙泉驿区洛带古镇，为湖广籍移民于清乾隆八年（1743年）捐资修建，因供奉大禹，又称“禹王宫”。

重庆湖广会馆位于重庆市渝中区东水门正街4号，亦名禹王宫。始建于清乾隆二十四年（1759年），道光二十六年（1846年）扩建，为重庆最大的会馆建筑群之一。

图　重庆湖广会馆：清代湘商算账场景复原

图　重庆湖广会馆“禹王宫”

图　重庆湖广会馆：清代湘商谈生意场景复原

（五）广西的湖南会馆

南宁两湖会馆位于南宁市解放路，始建于清代中期，由湖南、湖北旅邕商人集资兴建，是南宁市三大会馆之一。20 世纪 70 年代原会馆大部分建筑群被拆除改建。

恭城湖南会馆位于广西桂林恭城县城太和街，建于 1872 年。近代湘商在桂林的实力很大。桂林著名土布业商号张永发的老板即湖南商人，该商号拥有桂林布匹、染坊的垄断地位。

贺州湖南会馆位于广西贺州黄田镇黄田圩，建于 1861 年，由前殿、中亭、两侧廊庑和后殿组成。

图　南宁两湖会馆旧址

图　恭城湖南会馆

（六）云南、贵州的湖南会馆

云南会泽湖广会馆位于会泽县城宝善直街，为会泽八大会馆之首。始建于 1704 年，为两湖商帮、同乡集会与公宴之所。前殿名“禹王宫”，供奉大禹王。会馆最具特色的是雕花镂空格子门，全采用整块樟木镂空透雕，内容均以历史故事为题材。

贵州黎平两湖会馆坐落在德凤镇，是以湖南邵阳为主的湘籍客商修建的办事、集会场馆，内含门楼、戏楼、禹王宫、无量佛殿、长廊、阁楼、享堂、莲塘等多处建筑。

贵州镇远两湖会馆是以湖南商人为主体的两湖商帮所建，虽处狭窄的街巷之中，内部结构却十分宏伟壮观，这也说明当时湘商的财力之盛。

图 贵州黎平两湖会馆门楼

图 贵州镇远两湖会馆

图 会泽湖广会馆大门

第三节 继往开来

湘商的发展随着共和国的诞生进入一个全新的时代。历史的辉煌与现实的呼唤使湘商永远充满活力。从计划经济时代到改革开放40余年，湘商都同共和国一起成长。特别是改革开放后，当代湘商快速崛起，已成为中国商界一支不可或缺的力量。

一、湖南钢铁集团有限公司

图 湖南钢铁集团有限公司

湖南钢铁集团有限公司（以下简称湖南钢铁集团）是1997年底由湖南省三大钢铁企业——湘钢、涟钢、衡钢联合组建的大型企业集团。湖南钢铁集团粗钢产能规模达2000万吨以上，主要技术装备、生产工艺均达到国内甚至世界先进水平。产品覆盖宽厚板、冷热轧薄板、无缝钢管、线棒材等10大类7000多种规格系列产品。下辖华菱钢铁股份有限公司、湘潭钢铁集团有限公司、涟源钢铁集团有限公司、衡阳钢管集团有限公司等多家全资及控股子公司，资产总额超1300亿元。湖南钢铁集团是湖南省第一家年销售收入过1000亿元、1500亿元的企业。2021年，湖南钢铁集团实现营业总收入2100亿元，利润总额150亿元。

湖南钢铁集团高举习近平新时代中国特色社会主义思想伟大旗帜，贯彻落实党的十九大和十九届二中、三中、四中、五中全会精神，坚持党的领导，加强党的建设，筑牢企业的“根”和“魂”，坚定不移贯彻新发展理念，构建新发展格局，深入推进供给侧结构性改革，钢铁主业持续加强以零缺陷质量管理为核心的精益生产，以集成产品研发为基础的研产销一体化攻关，以信息化为支撑的营销服务体系建设，聚焦高端市场和新兴用钢领域，形成了每年在各主要目标细分市场上快速推出2—3个高端产品的能力，深耕行业，根据客户个性化需求迅捷开发，以产品和产业结构调整升级推进企业快速发展。在造船、海工、桥梁、工程机械、汽车、高压容器、油气、家电、军工等细分市场打造多个“隐形冠军”，已成为150余家世界500强企业的产品供应商，“湖南钢铁制造”在全球1000多个超级工程和重点项目上广泛应用。

近年来，湖南钢铁集团“引进来、走出去”的国际化经营发展战略取得显著成效，与世界第一大钢铁集团安赛乐米塔尔合资建设华菱安赛乐米塔尔汽车板公司，汽车板工艺生产技术达到行业顶级水平，高强汽车板引领中国汽车板市场，专利产品热成形Usibor®和镀铝产品Alusi®均稳居国内市场第一。投资澳大利亚第三大矿业公司FMG，成为其第二大股东，拥有稳定的铁矿石资源保障渠道，境外铁矿石权益矿产量超过2400万吨/年。

聚焦核心，共享发展。湖南钢铁集团聚焦钢铁主业，不断创新商业模式，加速构建融合供销、制造、物流、金融、技术服务于一体的“钢铁产业链+互联网”生态系统，打造全产业链竞争能力，作为客户提供钢材产品整体解决方案的综合服务商。凭借个性化、专业化的服务，湖南钢铁集团与中国石油、中船集团、卡特彼勒、美的、格力等一大批国内外知名企业和高端客户结为长期战略合作伙伴，建立深度融合、共享发展的战略合作关系。

节能降碳，绿建未来。湖南钢铁集团积极落实国家“双碳”战略，全面实施超低排改造，积极推进全流程清洁生产，采用先进节能减排工艺与技术，从源头控制污染物排放，着力提高能源和资源利用效率，能耗水平达到行业先进水平。始终坚持“环境优先、绿色发展”理念，持续加大投入实施环保治理，积极参与社会生态文明建设，让花园工厂与城市相融共生。

员工“以奋斗者为本”，干部以“敢于挑战新目标”为本，“硬约束强激励”“尾数淘汰”的“赛马”机制，激发全员创新、创效、创造。项目制平台，构建起党建与生产经营互融互促主阵地，一万多名共产党员、六百多个基层党组织战斗力的凝聚，铸就了湖南钢铁党建特色品牌。抓基层，强基础，提绩效，打造出湖南钢铁党建新优势。

面向“十四五”，起航新征程。湖南钢铁集团在习近平新时代中国特色社会主义思想指引下，心怀“国之大者”，不忘初心，牢记使命，以研发创新、5G 应用、数字化转型、产业链供应链和国内国际“双循环”赋能钢铁制造，致力于碳达峰、碳中和，高质量进入世界 500 强，在湖南“三高四新”战略定位与使命任务中勇担主力军，在实现第二个百年奋斗目标的伟大事业中，奋力书写新的时代答卷。

二、三一集团有限公司

图　三一集团有限公司

三一集团有限公司创始于 1989 年，自成立以来，始终秉持公司愿景，打造了知名的“三一”品牌。创建一流企业，造就一流人才，做出一流贡献，成为全球领先的装备制造企业。三一同时也是中国“智能制造”首批试点示范企业。

三一主营业务是以“工程”为主题的装备制造业，主导产品为：混凝土机械、挖掘机械、起重机械、筑路机械、桩工机械、风电设备、港口机械、石油装备、煤炭装备、装配式建筑 PC 机械等全系列产品。目前，三一混凝土机械稳居世界第一品牌，大吨位起重机械、履带起重机械、桩工机械、掘进机械、港口机械稳居中国第一。

在立足装备制造主营业务基础上，三一集团正大力发展新能源、金融保险、住宅产业化、工业互联网、消防、环保等新业务。目前，三一已成为国内风电成套解决方案和可再生清洁能源的提供者，同时也是我国成熟的 PC 成套装配提供商。此外，树根互联的“根云”平台已成为我国三大工业互联网平台之一。

在国内，三一建有长沙、北京、长三角三大产业集群，沈阳、新疆、珠海三大产业园区；在海外，三一建有印度、美国、德国、巴西四大研发制造基地，业务覆盖全球 150 多个国家和地区。

三一每年将销售收入的 5% 左右用于研发，先后三次荣获“国家科技进步奖”，两次荣获“国家技术发明奖”。凭借一流的产品品质，三一设备广泛参建全球重点工程，其中包括迪拜塔、北京奥运场馆、伦敦奥运场馆、巴西世界杯场馆、上海中心、香港环球金融中心、港珠澳大桥、大兴国际机场、雄安新区等重大项目的施工建设。

三、蓝思科技集团

图　蓝思科技集团

蓝思科技是全球智能设备视窗及外观防护、结构件与电子功能件行业高新技术制造企业，业务范围涵盖智能手机、智能穿戴、平板电脑、笔记本电脑、一体式电脑、新能源汽车、智能家居家电、智慧医疗等领域中高端产品的玻璃、蓝宝石、陶瓷、金属、塑胶、触控模组、生物识别、声学等外观结构及功能组件的生产、配套及组装，与全球知名消费电子及汽车品牌客户建立了长期、稳定的战略合作关系。公司是全球首家将玻璃应用于手机上的生产厂商。公司集设计、生产、服务于一体，是具备从零部件加工到整机组装、原材料、辅助材料、工装夹具、生产设备、检测设备、自动化装备、物联网研发生产能力的垂直整合平台型公司。公司总占地面积近 10000 亩，生产厂房、研发中心、FA 实验室、办公楼等建筑面积 800 多万平方米，在湖南浏阳、长沙县、湘潭，广东东莞，江苏泰州及越南等地拥有研发生产基地，在中国香港、韩国、美国等地均设有就近服务全球客户的办公驻点。

公司研发人员超万人，上市以来研发投入超 100 亿元，截至 2021 年底累计获得授权专利 2000 多件，涵盖加工工艺、产品检测、设备开发、新型材料、工业互联网、生产数据化、智慧园区、企业资源管理等多个领域。每个园区生产生活配套设施齐全，员工工余生活丰富、职业培训体系健全，充分挖掘员工潜力。2020 年，集团营收 990 多亿元，位列 2021 中国民营企业 500 强中排名第 79 位，2021 中国民营企业制造业 500 强第 42 位，2021 三湘民营企业 100 强第 2 位。公司先后获得“全国五一劳动奖状”“全国电子信息行业领军企业”“湖南省省长质量奖”“国家知识产权示范企业”“中国电子信息百强企业”等荣誉称号。

四、中联重科股份有限公司

图 中联重科股份有限公司

中联重科创立于1992年，主要从事工程机械、农业机械等高新技术装备的研发制造，主导产品涵盖11大类别、70个产品系列、近600个品种，是业内首家A+H股上市公司，注册资本86.67亿元，总资产1315亿元，位居全球工程机械企业第5位。中联重科是从国家级研究院孵化而来的企业，是行业标准的制订者。公司拥有六大国家级科研创新平台，2次荣获国家科技进步奖，3次荣获国家专利金奖，累计申请专利11880件，其中发明专利4591件，有效发明专利数量位居机械设备行业第一，专利综合实力位居工程机械行业第一；先后主导、参与制修订17项国际标准、400多项国家和行业标准，站上全球的技术制高点。

中联重科的生产制造基地分布于全球各地，在国内形成了中联科技园、中联麓谷工业园、中联望城工业园、中联泉塘工业园、中联灌溪工业园、中联汉寿工业园、中联德山工业园、中联津市工业园、中联沅江工业园、中联渭南工业园、中联华阴（华山）工业园、中联上海（松江）工业园、中联芜湖工业园、中联开封工业园等十四大园区；在海外拥有意大利CIFA工业园、德国M-TEC工业园、德国WILBERT工业园、印度工业园、巴西工业园、中白工业园，并将新建土耳其工厂、沙特工厂。

中联重科已覆盖全球100余个国家和地区，在“一带一路”沿线均有市场布局。产品远销中东、南美、非洲、东南亚、俄罗斯以及欧美、澳大利亚等高端市场。公司在东亚、东南亚、欧洲等全球近20个国家建有分子公司，在意大利、德国、巴西、印度、白俄罗斯投资建有工业园，在土耳其、沙特拟新建工厂，并在全球设立50多个常驻机构。以阿联酋、巴西为中心，正逐步建立全球物流网络和零配件供应体系。

作为科研院所转制企业，中联重科不断推进改革，形成了科研支持产业、产业反哺科研的良性体制机制，成为国有科研院所改制的典范；作为建立了现代企业制度的上市公司，中联重科通过重组并购，参与到传统国企的改革、改组、改造之中，在老企业植入新机制、新技术，取得了经济和社会的双重效益。在十八届三中全会后的新一轮改革中，中联重科的体制创新被国务院国资委树立为混合所有制的“样本”。

中联重科开创了中国工程机械行业整合海外资源的先河；利用资本杠杆，在全球范围内整合优质资产，实现快速扩张，并构建全球化制造、销售、服务网络。截至目前，中联重科先后并购英国保路捷公司、意大利CIFA公司、德国M-tec公司、荷兰

Raxtar 公司、德国 Wilbert 公司，均取得卓越成效 。其中，2008 年并购世界三大混凝土机械制造商之一的意大利 CIFA 公司，使公司成为中国工程机械国际化的先行者和领导者，该宗并购整合也作为经典案例进入哈佛大学课堂。

公司连续入选全球工程机械制造商 50 强和《财富》中国 500 强企业排行榜。2021 年，在英国 KHL 集团发布的全球工程机械制造商 50 强排名中位居 5 位,《财富》中国 500 强企业排行榜 296 位。两次荣登波士顿咨询公司发布的“全球挑战者”百强企业。

五、大汉控股集团有限公司

图 大汉控股集团有限公司

大汉控股集团有限公司创立于 1992 年，总部位于湖南省长沙市，是一家跨地区、跨行业的大型综合性非公有制企业，集团旗下拥有 200 余家子（分）公司，员工 6000 余人，业务涵盖钢贸物流、新型城镇化开发、商业管理、汽车贸易、产业互联网、职业教育等。自 2012 年起，连续 9 年荣膺中国企业 500 强。

大汉集团历经 2014—2016 三年的艰苦奋进，凤凰涅槃，成功打造钢铁云、建设云、工匠云等十大产业云平台，实现了从传统企业向产业互联网企业的成功转型，创造了“一网一校一中心”的新大汉模式。大汉集团践行责任与业绩高度统一的红色文化，并先后两次被中共中央组织部授予“全国先进基层党组织”的光荣称号，被国务院授予“全国民族团结进步模范集体”，被中央精神文明建设指导委员会授予“全国文明单位”，被中华全国总工会授予“全国五一劳动奖状”。目前，大汉集团提出走向伟大的战略抉择，正朝着世界 500 强企业的目标迈进。

六、中车株洲电力机车研究所有限公司

图　中车株洲电力机车研究所有限公司

中车株洲电力机车研究所有限公司（以下简称中车株洲所）始创于 1959 年，前身是铁道部株洲电力机车研究所，现为中国中车股份有限公司一级全资子公司。

中车株洲所下属十大主体，拥有两家上市公司、十一个国家级科研创新平台、三个企业博士后科研工作站、五个海外技术研发中心、十一家境外分（子）公司。公司拥有近 7000 名研发人员，1 名中国工程院院士、200 余名博士、3000 余名硕士。

中车株洲所坚持创新驱动发展，积极贯彻“科技强国”“交通强国”“3060 碳达峰碳中和”“海洋强国”等国家战略，立足交通和能源领域，积淀了“器件、材料、算法”三大内核技术，打造了轨道交通、新材料、风光储新能源、电力电子器件、乘用车电机电控、深海装备、工业传动、智轨快运系统等八大产业板块。

中车株洲所全面深化国企改革，改革实践入选国务院国资委《改革样本：国企改革“双百行动”案例集》。通过不断改革创新，企业发展活力、动力不断增强，2021 年公司产值近 390 亿元，利税贡献近 50 亿元，创造了显著的经济社会效益。

创新不止，领跑不息。面向“十四五”，中车株洲所矢志成为交通和能源领域的世界一流企业，朝着打造“科技引领、行业一流、高端、高效、高质量”的国际化产业集团目标不懈努力。

七、湖南有色金属控股集团有限公司

图 湖南有色金属控股集团有限公司

湖南有色金属控股集团有限公司（简称湖南有色集团，英文缩写 HNG），成立于 2004 年 8 月 20 日，注册资本为 28 亿元，是以有色金属生产、销售为主业的省属大型国有独资公司，是中国企业 500 强、中国制造业 500 强企业之一。湖南省国资委、湖南有色集团、五矿有色控股及五矿集团分别于 2009 年 12 月 24 日和 12 月 28 日达成相关协议，由中国五矿增资重组湖南有色，控股 51%，湖南有色自此进入央企怀抱。

湖南有色金属控股集团有限公司拥有湖南省铅、锌、钨、锑、铋、萤石等主要矿产资源的开采权，集勘探、采矿、选矿、冶炼、研发、加工和深加工、科工贸为一体，是中国知名的多品种有色金属及其深加工产品和技术服务提供商。集团公司拥有“世界有色金属博物馆”之美誉的柿竹园矿山、“世界锑都”之称的锡矿山及世界第四大白钨矿之名的瑶岗仙，钨、铋资源储量居世界首位，锑资源非常丰富。

湖南有色金属控股集团有限公司是中国以产量计最大的有色金属综合生产商（不包括铝），拥有从上游勘探、采矿、选矿以及中游冶炼至下游精炼及深加工的纵向完整的一体化产业链，拥有“火炬”“钻石”“长城”等国家名牌。

湖南有色金属控股集团有限公司目前有 10 家子公司，控股的有：湖南有色金属股份有限公司、株洲冶炼集团有限责任公司、株洲硬质合金集团有限公司、锡矿山闪星锑业有限责任公司、湖南柿竹园有色金属有限责任公司、湖南有色金属股份有限公司黄沙坪矿业分公司、自贡硬质合金有限责任公司、湖南有色集团湘东钨业有限公司等。

湖南有色集团各子公司拥有强大的营销网络，在国内主要省市设有销售公司或办事处，在美国、德国、香港等国家和地区设有销售公司，产品畅销全球，直接控股 1 家香港上市公司（湖南有色金属股份有限公司），间接控股国内 2 家 A 股公司（湖南株冶火炬金属股份有限公司和中钨高新材料股份有限公司），并参股堪帕斯资源有限公司（Compass Resources NL，澳大利亚上市公司）。

八、唐人神集团股份有限公司

图　唐人神集团股份有限公司

唐人神集团是专注于生猪全产业链经营的农业产业化国家重点龙头企业。自 1988 年创业以来，唐人神集团以“致力农家富裕、打造绿色食品、创造美好生活”为使命，培育了“骆驼”“唐人神”和“美神”等多个品牌，打造了“生猪育种、饲料营养、健康养殖、生猪屠宰、肉品加工、品牌连锁、小风唐餐饮”的生猪全产业链核心竞争力，在全国二十几个省建立了一百多家子公司，2011 年在深交所上市，是中国制造业 500 强、价值品牌 500 强，进入中国饲料和肉类行业前十强，2020 年营收 185 亿元。

九、湖南永通集团有限公司

图 湖南永通集团有限公司

湖南永通集团有限公司成立于2000年，是一家集整车销售、售后维修、仓储物流、出租车经营与租赁、上牌检测、保险、二手车置换、汽车金融、汽车文化博览、教育、房地产等于一体，涵盖汽车销售与汽车后市场全产业链的大型股份制企业。

目前拥有奥迪、奔驰、保时捷、上汽大众、一汽大众、别克、广汽丰田、一汽丰田、北京现代、斯柯达、福特、比亚迪、吉利几何汽车、天际汽车十四个中高端品牌代理权。在全国各地、市拥有40多家4S店。

历经二十多年的专业沉淀，永通集团已经成为湖南省乃至中南地区汽车流通行业的领军企业，并逐渐向汽车平台搭建者转型。在长沙河西永通未来的总部基地，一个大型汽车综合平台正在崛起。拥有7家4S店、1个快处快赔中心业，永通二手车已运营，永通总部办公大楼也已投入使用，后续还将规划建设多个4S店。在怀化，永通集团总投资35亿元，占地近2000亩打造怀化国际汽车城，目前已有44家汽车4S店入驻、怀化国际会展中心、永通驾校、永通二手车市场等开业运营。2018年初，永通集国与碧桂园达成合作协议，合作开发怀化国际汽车城内地产项目一鹤州府。2019年项目一期已经全部售罄，二期正在建设中。一个集汽车销售、商业、会展、办公、生活五大功能于一体的汽车综合体项目，将凭借其产业集群效应、规模效应，成为湖南西南部新的汽车产业中心。为提升怀化教育水平，永通集团投资4.2亿元，与长郡教育集团合作建设怀化郡永实验学校。该校是怀化第一所湖南四大名校分校，已于 2017 年 9 月招生运营。不仅代表了怀化最高教育教学水平，在全省中小学排位中也是名列前茅。

一路走来，永通见证了中国汽车行业的发展与崛起。2020 年，永通实现年营业收入 162 亿元，永通的品牌影响力也逐年增加。2020 年，永通集团位列中国汽车经销商百强排行榜第 31 名，稳居中国汽车经销商百强第一梯队，连续多年蝉联湖南汽车经销商榜首。在 2020 年湖南百强企业评比中，永通集团位列第 29 名，并获 2020 年湖南服务业行业 50 强第 8 名。

从 2000 年到 2021 年，前行之路，从未停歇。未来，永通将继续秉承“专业于车、专注于人、专诚于心”的企业理念，以品质服务为核心，为湖南消费者提供最专业、贴心的汽车服务。

十、芒果超媒股份有限公司

图　芒果超媒股份有限公司

芒果超媒股份有限公司原名快乐购物股份有限公司，系由快乐购物有限责任公司整体变更设立，于 2005 年 12 月 28 日在长沙市工商行政管理局登记注册，总部位于湖南省长沙市。2018 年 7 月，公司名称由“快乐购物股份有限公司”变更为“芒果超媒股份有限公司”。公司股票已于 2015 年 1 月 21 日在深圳证券交易所挂牌交易。

公司的主营业务包括芒果TV互联网视频业务、新媒体互动娱乐内容制作、媒体零售及其他。2021年11月，芒果超媒股份有限公司成立品牌MCITY布局实景娱乐赛道，成立全新品牌MCITY，“M”代表连接Mango和Metaverse的Miracle，MCITY则是芒果宇宙的起点。在上海启动首家门店。

芒果超媒曾荣获中国互联网企业百强、“世界媒体五百强”等。2020年11月，入选第十二届“全国文化企业30强”名单。2021年湖南企业100强，芒果超媒股份有限公司位列第32名。

十一、山河智能装备股份有限公司

图 山河智能装备股份有限公司

山河智能由中南大学何清华教授于1999年领衔创办，依靠革命性创新产品——液压静力压桩机起步，现已发展为以上市公司——山河智能装备股份有限公司为核心，以长沙为总部，在国内外具有一定影响力的国际化企业集团。

山河智能总部位于长沙经济技术开发区凉塘东路1335号，总占地面积约1700亩。公司总资产超200亿元，员工6500余人，公司战略定位于“一点三线”“一体两翼”，聚焦装备制造业，在工程装备、特种装备、航空装备三大领域全面发展，并以湖南、广东为两大战略要地，不断推出具有世界影响力的产品。公司现为国内地下工程装备龙头企业之一，全球工程机械制造商50强、全球支线飞机租赁企业3强。

先导式创新是山河发展的内核。先导式创新相较市场跟随式创新是一种更复杂、更艰难的全过程产品研发模式，是一种更高境界的自主创新，是当下实现由中国制造走向中国创造的主要途径。山河智能前瞻性地创立了先导式创新模式与体系，给企业带来差异化的发展先机，并把创新作为一种“基因”植根于企业的生命之中，形成了具有鲜明山河特色、差异化显著的产品群。

公司已在地下工程装备、全系列挖掘机、现代凿岩设备、特种装备、矿山装备、起重机械、液压元器件和通用航空装备等十多个领域，成功研发出两百多个规格型号，具有自主知识产权和核心竞争力的高端装备产品，批量出口全球 100 多个国家和地区。“SUNWARD”商标已在全球数十个国家注册。

公司已获得专利技术 1000 余项，承担国家“863”计划、国家科技支撑计划、强基工程等国家级项目二十余项，获得国家科技进步二等奖、湖南省技术发明一等奖、湖南省科技进步奖一等奖等各种奖励数十项。

公司作为国家高新技术企业的优秀代表，被授予或获批设立了“国家认定企业技术中心”“国家技术创新示范企业”“国家创新型企业”“国际科技合作基地”“国家工程机械动员中心”“中国驰名商标”“国家博士后科研工作站”“机电产品再制造单位”“院士专家工作站”“国家 863 成果产业化基地”“湖南省岩土施工装备与控制工程技术研究中心”“现代工程装备节能关键技术湖南省重点实验室”“地下工程装备湖南省工程研究中心”“湖南省山河智能工业设计中心”等荣誉称号或创新平台。

公司以“修身、治业、怀天下”为核心价值观，以“做装备制造领域世界价值的创造者”为使命和愿景，先导式创新成果获得国内外领导和专家的高度认可。

十二、湖南省茶业集团股份有限公司

湖南省茶业集团股份有限公司
HUNAN TEA GROUP CO.,LTD

图　湖南省茶业集团股份有限公司

湖南省茶业集团股份有限公司是一家集茶叶种植、加工、科研、销售和茶文化传播于一体全产业链经营、专业制茶、内外贸并举的农业产业化国家重点龙头企业。公司下设10个业务部门，参控股60多家企业，拥有3个部、省级科研平台，在全省建立了97个优质茶园基地，总面积达60万亩，联结带动了50万户茶农，与100多个国家和地区保持了稳定的贸易联系。公司以茶为主，现有白沙溪、湘益、臻溪、君山、潇湘等品牌产品，主要加工经营红茶、绿茶、黄茶、黑茶、白茶、青茶及茉莉花茶、特种茶、小包装茶、袋泡茶、茶饮料、速溶茶粉、茶食品、提取物等，同时经营粮油、土产畜产、轻工化工、机电等产品。

公司产品除在国内销售外，相当部分出口到美国、加拿大、欧盟、日本、俄罗斯等市场，整体经营规模及综合实力位居全国前列。

公司是全国百家优秀龙头企业、全国农产品加工业出口示范企业、全国供销合作总社系统百强企业、湖南省农业产业化十大标志性企业、湖南省100强企业等，是中国茶叶流通协会监事长单位、全国边销茶专业委员会主委单位、中国茶产业联盟副理事长单位、全国茶标委黑茶工作组秘书处单位、湖南省食品行业联合会会长单位、湖南省茶业协会会长单位、大湘西茶产业发展促进会秘书长单位。

十三、水羊集团股份有限公司

图 水羊集团股份有限公司

水羊集团股份有限公司（以下简称水羊股份），是一家“科技赋能产品，数字赋能组织”的科技型企业，是以“自主品牌为核心，自有品牌与代理品牌双业务驱动”的新消费品美妆品牌企业。2018 年 2 月 8 日正式登陆 A 股，股票代码 300740，成为 A 股互联网消费品品牌 IPO 第一股。

水羊股份旗下拥有御泥坊、小迷糊、大水滴、花瑶花、御 MEN、HPH 等多个自主品牌。同时，与强生集团达成深度战略合作，全面承接强生中国的电商业务，并设有独立开放平台“水羊国际”，代理了城野医生、EviDens、KIKO、Lumene 等国际知名品牌。水羊股份已形成丰富的产品矩阵，包括水乳膏霜、彩妆、婴儿洗护、香水、抗菌洗手液、生发药剂等，线上、线下销售渠道布局完善。

在研发赋能产品、数字赋值组织的双科技赋能下，参与了 12 项国家行业标准制定，有 4000 多项质量管理流程和内部标准，申请了超过 200 项国家专利，已研发 10 种独有原料，将建成全球单体最大、智能化程度最高、最具互联网开放体验属性的面膜生产基地。组织已率先走过电商化、在线化，进入数据化、智能化阶段，拥有超过 5800 万消费者，支持千万级日订单处理能力，科技赋能产品，数据赋能组织的基因已经深入骨髓。

在研发质量方面，获评“省长质量奖提名奖”，被认定为“国家高新技术企业”“省级企业技术中心”；产品检测中心获中国合格评定国家认可委员会（CNAS）评定。在数字赋能方面，先后获评“全国电子商务示范企业”“全国首批数字商务企业”“湖南省移动互联网重点企业”等荣誉。

2020 年实现营收 37.15 亿元，同比增长 54.11%。2021 年前三季度实现营收 33.12 亿元，同比增长 41.47%。未来，公司将逐步形成“内部平台生态化，外部生态平台化”的双平台生态，并达成营收、利润双增长率行业领先的双高增目标，从而实现“中国美妆行业领头羊”这一目标。

思政沙龙

1. 查阅安化茶马古道相关文献，讲述茶马古道的历史、变迁和发展，并对比当前我国新丝绸之路建设的相关信息，思考我们应当如何借鉴和吸取茶马古道的经验和教训。

2. 查阅铜官窑文献，梳理铜官窑的文化价值，并综述铜官窑对陶瓷业产生的深远影响。

3. 查阅近代湘商会馆的相关文献，分析湘商会馆不断发展壮大的深层原因及会馆文化与湘商经济的关系。

拓展训练

1. 以小组为单位，收集十家湖南百年老字号的相关资料，提炼企业文化精粹并展开小组讨论。

2. 以“那些逝去的风云”为主题，写一篇有关湘商风物的随笔散文。

第四章 | 湘商模式

俗语道“无湘不成军”，可以说“湘军”已成为人们眼中湖南人某种代表了强大和扩张性力量的符号象征，也成为外界对湖南人最高的评价。尽管在历史上，湖南人一直以在政治和文化上的显著成就闻名，但在这个品牌力量越来越明显的商业经济时代，湖南人迅速意识到在商业经济世界里树立自身品牌的重大意义，因此，“湘商”成为湖南人在商业世界中正力图打造的一个品牌。

相比耳熟能详的晋商、徽商、浙商乃至粤商，湘商充其量只是后起之秀，但湘商深知经营模式是促进企业竞争力与优势形成的能力场，湖南人要想在商业领域也开创出以往政治和文化领域的闻名成果，继而把“湘商”这一品牌打造出“商界湘军”的影响力，企业经营模式的革新成为不可忽视的关键环节。因此，从传统到现代，湖南人在企业经营模式上总会下足功夫，他们总能紧跟时代潮流，结合国家的政策与扶持措施，与时俱进创新自身企业的经营模式，将企业的发展推上一个又一个高潮。

第一节　传统湘商经营模式

所谓企业经营模式，是指企业根据其经营宗旨，为实现其所确认的价值定位而采取某一类的方式方法的总称。其中包括企业为实现价值定位所规定的业务范围，企业在产业链的位置以及在这样的定位下实现价值的方式和方法。

经营模式是企业对市场变化做出的一种反应，并且在其特定的环境下是有效的。在这里，经营模式并不是一个僵化的行动框架，而是一种与企业文化密切相关的互动的思维和行为方式。企业文化是价值观、经营理念等意识形态观念；企业经营模式是企业运营的行为体现；观念想法决定行为。因此，企业文化决定企业经营的模式方法，企业经营模式折射出企业文化的经营理念，在一定程度上也代表着一个企业的企业文化。企业的经营模式是文化的“用”，企业文化是经营的“体”。

纵观湖南企业家的经营史，湘商文化是企业家们经营思想的根源。湘商文化所蕴含的核心价值观是形成湘商企业家们企业经营价值观的宝贵的文化资源。这些宝贵的经营思想和价值观念，在他们企业的经营模式中闪耀着智慧的光辉，彰显出湖南人作为商业湘军的魅力。

一、中小企业集群经营模式

产业集群是指在特定产业领域、特定地域中，一组通过共通性联结或互补性联结集聚而成的产业组织。一般来说，一个完善的产业集群是研发集群、生产集群和专业市场集群的整合，因此，专业市场集群可以是一个完善的产业集群的子集，也可以是具有独立内涵的产业集群，它以专业市场为主导，一方面通过供产销的产业链联结生产企业、研发机构、上游供应商和下游客户，在集群成员间形成“供应商——客户”的关系；另一方面通过竞争和合作关系联结竞争者，在集群内各专业市场间、专业市场内部的经营户之间形成竞争合作关系，这种关系在专业市场集群内居于主导地位。

这种“集群”式的组织模式，是中小民营企业国内经营的有效形式，而湖南民营企业恰恰大都是中小企业。因此，在经营模式上，这种集群经营模式得到了充分的展现。

（一）邵东小五金集群

俗语说："天上九头鸟，地下湖北佬；三个湖北佬，打不过一个宝古佬。"在这里，宝古佬指的就是邵阳人，因为从宋朝到明朝，邵阳称"宝庆府"，旧时候外出随商帮营生的邵阳人很多。因此，当你再听到人们说犹太人是世界上最会经商的，温州人是中国的犹太人，而邵阳人则是湖南的犹太人的时候就不足为奇了。因此，提到传统的湘商模式，就不得不提传统的邵东模式。

作为中国著名的五金之乡，邵东市是湖南省金属工具制造产业特色县域经济重点县，拥有中南地区最大的五金机电市场，五金工具生产和经营企业达 3500 多家，从业人员达 5 万多人，拥有完整的产业链，扳手、钳子、锤子年生产能力达 3 亿余套件，其中扳手产量占全国 75% 以上的份额。近年来，邵东市大力引导五金企业转型升级，推动产业集群发展，倾力打造邵东五金科技创新产业园，全力打造五金百亿产业集群，挺起县域经济高质量发展的"脊梁"。同时以展会兴产业、以产业促会展，将博览会打造成服务产业发展的大平台，助推全市经济社会高质量发展。

2017 年以来，邵东市立足五金机电产业优势，举办五金机电博览会，搭建起区域乃至全国、全球展示五金机电产品、开展商贸交流、促进技术合作、推动项目投资的重要平台。历届五金机电博览会共签订企业入园、技术创新等各项协议 100 项，参展企业达 4000 余家，交易额突破 300 亿元。

日前，在以"邵东小五金，舞动大产业"为主题的 2023 年邵东第七届五金机电博览会上，来自俄罗斯、越南、匈牙利等 18 个国家的 1000 余家企业参展，展出 3500 多种五金、焊接与切割设备等各类产品。短短 3 天展期，数十万客商云集，成交额突破 158 亿元，2024 年的展位已被预订超 7 成。

今日之邵东俨然已经成为全球知名的五金生产、出口基地之一。随着五金产业转型升级，产品品类品质实现双向提升，邵东市五金产品出口额也从原来的 500 多万美元，跃升至近 1000 万美元。综合国内国际两个市场，2022 年全市五金行业累计生产总值 304.3 亿元，同比增长 8.27%。

据悉，邵东小五金、打火机、中药材、皮具箱包、服装鞋业等传统产业特色鲜明，注塑打火机占全球市场份额的 75%，手工具小五金占中国国内市场份额 40% 以上，书包占 70% 以上，中药材年交易额突破 100 亿元。

这种集群生产与经营的模式也就成为传统的邵东模式，即“商业城、工业镇、专业村”为核心的模式，它是邵东民营经济发展的传统的基本模式。这种模式的最大特点在于一定程度上发挥了市场的纽带作用。生产依靠市场把上、中、下游的企业连接起来；产品依靠市场销往全国各地。其中，所谓“商业城”，就是以工业品市场为核心，以100多个专业市场、综合市场和农副产品市场为网络，编织了辐射全国的商业物流网络，其中的药材、五金、服装、皮革、建材、家电等市场具有较强实力。在商业强劲带动下，第三产业占据了GDP半壁江山。而“工业镇”是指以打火机、铝制品、铁器、五金等产业为依托的小城镇，如两市镇的打火机、服装、渔网，廉桥的药材、眼镜，范家山的炉灶、皮鞋，灵官殿的小型水泵等。“专业村”则是工业镇内部“一村一品”的分工单位。

这种集群式发展而成的传统邵东模式很特别，它把市场放在工业化的首位，打造以商贸城这些中心市场为主体的工业化产业链条。之所以采用这种模式，在于邵东人多地少，资源贫乏，搞工业化只能紧盯市场，围绕市场转，而不可能围绕当地资源转，如邵东的钢笔产业、眼镜产业、打火机产业都是这样打造起来的。众多村镇中，几乎家家户户都从事一种工业品的生产加工，再拉到商贸城去批发，就这么简单。市场跑得快就多生产，跑不动的就淘汰。所以邵东的工业化模式“信息对称性”很强，市场信息不经过任何中间环节就到了生产者手中，几乎是同步的。这种强信息对称性锻造了邵东模式的市场性。

（二）株洲芦淞服饰集群

服装是株洲的重要支柱产业之一。而在服装生产这个支柱产业中，芦淞服饰大市场是典型代表。早在20世纪80年代中期，中国的改革开放才刚刚起步，一些个体经营户看好临近株洲火车站的芦淞区这块宝地，在这里租摊摆点做起了服装经营。由于流动人口多，这里的服装生意非常火爆。于是一发不可收拾，成为当时湖南最大的服装自由市场。

随着市场的不断繁荣，株洲市、芦淞区两级政府的领导对这些个体经营户进行积极的引导，并提供了比较宽松的发展环境，有意识地进行市场培育。目前已基本形成了集研发设计、生产加工、仓储物流、展示销售、电子商务于一体的全产业链，有望成为株洲市第二个实现千亿目标的产业集群。现已拥有各类服饰鞋帽专业市场38个，汇聚国内外知名品牌4000多家，成功培育了青藏绒、开畅、宇奴、奔狐等10多个国内知名品牌，从业人员超过 10 万人，市场年成交额超过 500 亿元。特色加工产品——女裤在国内一直保有优势，女裤加工厂超 1000 家，年总产量超过 3 亿条，约占全国总量的四分之一，本土原创品牌已建成智能化生产线近 10 条。男装品牌“二狼狐轩”“韩城攻略”，快时尚女装品牌“魔美名作”“她之蝶”，高端定制品牌“勿用”“迪凯”，童装品牌“护岛宝贝”等已成为全省服饰行业领先者。

图　芦淞服饰园区内景

图　芦淞服饰城

随着产业集群的发展和升级，株洲服饰产业也在逐步实现从“制造”到“智造”的转变，紧跟着的是服饰设计与创造越来越受到重视。典型就有欧微服饰建成湖南省内第一家服饰 5G 物流无人仓，基本实现了设计研发、生产、物流的智能化和数字化管理，自动化程度走在国内行业领先水平。作为株洲服饰产业的“主力军”，芦淞区更是在服饰“智造”这条路上步伐加大。目前，株洲芦淞区已集聚服饰链上企业 2000 多家、专业市场 38 家，从业人员超 20 万人，欧微、狐轩、素白等原创品牌 3900 多个，形成了集研发设计、生产加工、展示销售、仓储物流、电子商务于一体的全产业链生态圈。

二、工业园区带动经营模式

工业园区是一种发展规模工业的新兴载体，是推进新型工业化的工作中心，自20世纪90年代中期以来得到了长足的发展，成为推动我国县域经济发展战略由农业经济形态向工业经济形态转型的重要平台和引擎，也是湖南企业家的一种传统经营模式。这种工业园区带动经营模式，有效地整合了资源，提高了土地利用效率，增强了企业的产业关联。

这种模式在望城、浏阳、宁乡、岳阳等都有成功的经验。望城的食品加工工业园、农业科技园，浏阳的医药工业园，宁乡的软件园，长沙县的星沙开发区等，这些园区都十分成功。而其成功的共同点在于：政府真心实意为入户园区的企业解决问题，真心实意地帮助入户企业赚钱，营造了一个相当好的企业投资环境。

园区带动型为什么能在望城、宁乡、浏阳、长沙县成功？关键在于这些县是长沙市这个中心城市的强辐射区，是长沙市的大郊区，具有天时地利的先天条件，再加上人和的后天条件，所以成功是必然的。这也就是说，搞园区带动型工业有赖于一定的区域条件，最好是大中心城市的强辐射区。

（一）宁乡托普模式

宁乡托普模式，是指以湖南宁乡托普软件工业园的开发运作为典型的一种民营民办的县域工业园区模式。其具体的运作模式是：政府将一块生地（未实现七通一平）的有限期使用权转让给一家规模较大的民营企业集团——拓普集团。该民营企业集团按照自身产业链延伸的需要，投入资金，进行基础设施建设，七通一平之后的工业园区并不用来招商引资，而是自己在园区内投资建厂，把园区建设成为自己的一个产业基地或者产业链延伸的一个环节。宁乡托普软件工业园其实就是托普集团产业链条上的开发和人才培训基地。

宁乡市为实现从“兴工强县”向“工业强市”的转变，将先进制造业园区作为工业经济发展的主引擎、产业聚集的主阵地，其下辖的宁乡经开区、宁乡高新区高质量发展活力和改革创新动力持续释放，成为宁乡工业发展的“脊梁”。在锻造主导产业方面，宁乡全力打造了先进储能材料产业链、工程机械产业链、智能家电和智能硬件产业链，食品及农产品产业集群、生命科学产业集群串起的“三链两群”主导产业。鼓励企业加大技改投入，推动传统产业数字化转型，促进数字经济与实体经济深度融合。在促进科技创新方面，宁乡着力营造有利于科技型中小微企业成长的良好环境，建设产业技术研究院、企业技术创新中心、重点实验室和新型研发机构，推动创新链产业链资金链人才链深度融合，企业创新能力显著提升。2022 年，宁乡市共有 22 家企业获批省级企业技术中心。在加强项目招引方面，宁乡在重大项目上持续发力，积极开展“市长企业接待日”等活动，推进“策划式”招商，充分利用专业、环境、服务帮助目标企业谋划新投资项目，激发企业坚定投资信心，深化减税降费等政策优惠，全力助企纾困。2022 年，宁乡经开区营商环境成效入选商务部国家级经开区十大优秀案例。

（二）望城食品工业园模式

望城食品工业园带动发展的模式可以总结为“产业集聚，协同发展”。该模式通过打造食品工业园，吸引相关产业链上的企业和机构入驻，形成产业集聚效应，促进产业协同发展。

具体来说，望城食品工业园的发展模式包括以下几个方面。

打造产业平台：望城食品工业园为食品企业提供了一个集研发、生产、销售、展示于一体的产业平台，吸引了众多相关企业和机构入驻，形成了产业集聚效应。

产业链整合：望城食品工业园注重产业链的整合，上游链接原材料供应，下游对接销售市场，形成了一个完整的食品产业链，提高了产业附加值和市场竞争力。

创新驱动：望城食品工业园鼓励企业进行技术创新和产品研发，通过提供技术支持和政策优惠，推动企业进行产品升级和品牌打造。

协同发展：望城食品工业园促进企业之间的合作和交流，形成良好的产业生态，推动产业协同发展。同时，与当地农业、物流等产业建立紧密的合作关系，形成区域经济的协同发展。

服务支持：望城食品工业园为企业提供全方位的服务支持，包括人才培训、融资支持、市场拓展等，帮助企业解决实际问题，提高企业的运营效率和竞争力。

望城食品工业园的发展模式，通过产业集聚和协同发展，促进了当地食品产业的发展，提高了产业附加值和市场竞争力。同时，这种模式也为企业提供了良好的发展环境和支持，推动了区域经济的协调发展。

第二节　现代湘商经营模式

随着我国市场经济的深入发展以及加入 WTO 后融入世界经济的要求，且伴随着经济发展竞争的加剧，我国经济的发展越来越需要企业走现代经营管理之路，以此来加快企业的创新发展，并尽快建立现代经营管理制度。

湘商敏锐地捕捉到了这一企业发展的规律，他们充分发挥了敢为人先的湖湘精神，在自身的企业发展中不断创新经营理念，创新经营模式，使得企业由传统的发展顺利地融入现代发展模式之中。

在现代的发展中，湘商的经营模式主要体现为以下几种经营模式，即块状经营模式、连锁经营模式、海外淘金模式、区域品牌模式以及农业产业化模式。

一、块状经营模式

块状经营模式是一种“专业市场、块状经济”新模式，其基本内容是指依托专业市场的发展，通过企业集聚和产业集群，带动相关产业的整合与升级，实现区域经济的协调发展。新模式下的“专业市场”，是现代流通方式下的专业市场，它是在传统专业市场基础上的功能延伸和创新。基本方向是，借鉴国外虚拟组织运作模式，通过实现与生产、零售的融合，依托网络信息技术和供应链管理，提高流通效率，与上下游企业建立一种相对稳定的产销动态联盟关系，最大效率地发挥组织的整体优势。它的特点是：市场主办者转向集商品交易、配送、中介服务于一体的大型现代贸易集团；建立消费品批零结合，以零售为中心，生产资料以直供为主的现代流通体系；现代物流配送中心起到了批发零售、商流物流结合为一体的新型商业的核心作用。专业市场为买卖双方提供公平、公开、公正的交易场所，即帮助购销双方从事大宗产品的预买预卖，转让合同提供担保等。各种商品不仅要通过专业市场运到各大零售商处，而且消费者的零散购买也十分活跃，使得专业市场成为各类商品的集散中心，既配置了资源，改善了供求，又缓解了生产与消费的矛盾。专业市场是一个集中的交易场所，它将某类或某几类相关的或相近的产品集中在一起交易，由此产生了交易的集聚效应和规模效应。

而“块状经济”是指集聚化的企业特别是中小企业为主体，立足于特定的地域和资源，面向市场，实行专业规模生产的经济组织形式。“块状经济”应是社会化分工、专业化协作的中小企业在空间上连接起来形成一定的工业集聚地域的经济。它有别于“低、小、散”经济，其产业具有一定的规模，通常是当地的经济增长极。其有两个基本特征：布局地理集中度高、同类企业集聚发展。从主要载体看，“块状经济”多以中小型企业为主；从立足产业来看，一般多立足于当地的特色资源型产业，主要表现为小、特、尖；从组织模式来看，规模化、专业化、社会化；从空间布局来看，小企业、大群体，小商品、大市场。

湘潭县是闻名全国的“湘莲之乡”，它位于湘中楚地，物华天宝，有“湘中明珠”之美誉。它农业大而不强，工业小且弱，是一个不折不扣的农业大县，但近年来，湘潭县在以工业为主的县域经济基础上，建设生态工业示范区，摸索新的农业发展方式，注重打造特色区域块状经济，进一步推动了城乡一体化发展。

在湘潭县大地上，成百上千的民营企业紧密簇拥抱团，构成大小规模不等、专业特色鲜明的一个个经济区块，从易俗河经济开发区的食品、医药、化工、机电四大支柱产业，到青山桥的皮鞋产业、花石的湘莲产业、茶恩寺的竹制品产业等各具特色的产业族群。易俗河经济开发区更是采取“1+9”板块经济的发展模式，带动谭家山、响水、姜畲、青山桥、石潭、花石、河口、中路铺、射埠等9个中心镇（乡）的经济发展，在优化资源配置的同时推进工业化、城乡一体化和农业产业化。

特色区域块状经济的发展，进一步推动了湘潭市经济的快速增长。据悉，2021年，湘潭市实现地区生产总值2548.35亿元，比上年增长7.8%，两年平均增长5.8%。其中，第一产业增加值172.08亿元，增长9.8%，两年平均增长6.7%；第二产业增加值1313.85亿元，增长8.1%，两年平均增长6.2%；第三产业增加值1062.42亿元，增长7.0%，两年平均增长5.1%。

同时，前三季度湘潭市实现地区生产总值1847.36亿元，同比增长9%（上年同期增长1.9%），两年平均增长5.4%。其中，第一产业增加值108.33亿元，增长9.9%（上年同期增长2.5%），两年平均增长6.1%；第二产业增加值911.18亿元，增长9.9%（上年同期增长1.5%），两年平均增长5.6%；第三产业增加值827.85亿元，增长7.9%（上年同期增长2.4%），两年平均增长5.1%。

可以说，正是块状经营模式的运用，使得湘潭县形成了“一镇一业，一乡一品”

的经济模式，也正是这种块状经营模式让湘潭县市的民营企业尝到了甜头。

二、连锁经营模式

连锁经营作为新兴经营业态最早发起于19世纪的美国，到20世纪已经被商业发达地区广泛采用。随着中国加入WTO，商业市场的不断扩展，外资、内资连锁企业同时选址开店，便利店、专业店同台竞技，连锁形式日趋多样化。

连锁企业对传统、分散的单店进行整合，形成了集团化、低成本、高效益的规模经济优势，在组织机构、市场商圈、营销方式、协调沟通、核算方式上，与传统单店有着极大的差别。连锁经营企业的运作均以统一为导向开展自身的连锁工作，主要体现为在商品采购、经营管理、核算管理、形象标识、商品配送、商品价格及服务规范方面实现了“七个统一”。

这“七个统一”的优势具体表现为：

1. 统一商品采购方面，企业通过规模经营来达到追求规模效益的目的

连锁店统一组织货源，一方面从批量上降低进货成本和从科学合理安排的进货批次上降低运营成本；另一方面，通过集中采购，优选商品和供应商，以确保商品质量。分店根据经营情况向总部提供要货计划，由总部所辖的配送中心集中采购，再统一配送到各个门店。对于一部分销量大、周转快的常备商品和应季商品，可由配送中心统一向厂家要货，再由厂家分送至各个门店。特殊情况，部分商品分店也可以自采。

2. 统一经营管理方面，企业通过严格的管理来实施并达到目标效益

连锁企业通过建立一整套以管理制度、管理标准和管理方法为中心内容的管理系统，形成标准化的管理模式达到统一经营管理的效果。为与其他零售业态加以区别，企业常将突出反映连锁店特征的经营管理内容单独强调，即连锁店经营管理的统一和连锁运营步骤上的统一。而门店管理的统一是连锁店统一经营管理中最重要的部分，内容包括人员管理、销售管理、财务管理、库存管理、安全管理。

3. 统一核算管理方面，连锁店通过采用集中统一的核算方式

以所有门店为对象形成一个核算体系，内部对各门店实施分账管理和考核。一般来说，连锁总部对门店只要求增加销售和控制变动费用，而门店的装修投资、改造费用、固定支出等则由连锁总部负责。连锁总部除了必须在进货成本、配送中心负责正

常收货、保管、养护、配送业务外，还需在三项费用、税收、利润上进行财务核算。

4. 统一形象标识方面，标识系统是连锁店最基本的统一内容

统一的标识是连锁店最直接最醒目的表现形式，它有助于消费者辨认和识别连锁店所属的分散在不同地区的各个门店。企业标识是企业的识别系统，包括企业字号、企业标志、色彩运用、构图技巧、表现形式等内容和如何区分所属门店。连锁店统一使用标语、口号，内部装潢、商品陈列方式与风格、员工服饰、办公用品均应标准化，并制定标准化手册予以规范。

5. 统一商品配送方面，连锁企业通过统一商品配送这种集中的表现形式，将商品经营集约化和企业管理水平表现得更为淋漓尽致

在这个过程中，配送中心要负责商品数量管理和商品质量管理，并处理好配送与各门店的关系。门店是连锁商店实现销售和体现服务的最终环节，能否及时有效地配送商品是保证门店开展优质服务和实现销售的重要条件。配送中心应该合理制定配送路线，以节约人工成本，并保证配送服务水平和分店不缺货。配送中心应具备计算机系统控制功能，与各门店形成网络化管理体系，对进货、验收、贮存、养护、出库复核、运输、送货等职能进行监控，科学控制库存品种、数量，还负责商品的退换货处理。配送中心是总部的服务性部门，只准向该连锁企业范围内的门店进行配送，不得对该企业外部进行批发、零售。

6. 统一商品价格方面，连锁店的进货和配送统一为价格的统一创造了条件

总部设立专门的物价人员，负责整个连锁店的物价管理工作。物价人员必须对连锁店的进价进行审核，负责商品调价，对各门店价格执行、物价标签明示以及上级有关物价政策的贯彻工作全面负责。连锁店及各门店的物价管理是价格统一的重要内容。各门店应设兼职物价员负责物价管理工作。对于商品调价等价格变动情况，连锁店应统一部署，各门店必须根据要求按规定的时间统一变价。

7. 统一服务规范方面，连锁店服务规范统一

除了一般意义上的服务外，还包括品牌意义。统一服务规范包括服务环境要求、服务人员基本素质、服务工资标准、服务购物规定、服务措施和宣传等内容。其中服务人员的基本素质服务是最重要的内容，也是统一服务规范工作的着力点。连锁后总部对各分店按照统一的服务规范要求其达到统一的服务水平。服务人员经过总部统一培训后，按照有关制度上岗，各岗位执行总部的岗位规范，按照统一标准进行奖惩。

湘商连锁经营的成功例子有许多，其中沐林早餐就是街巷人群中耳熟能详且赢得

“民心工程”美誉的一个连锁经营范例。

湖南沐林华天放心早餐工程有限公司，是由湖南沐林现代食品有限公司与湖南成龙华天放心早餐工程管理公司共同投资组建的，在长沙市政府的关心指导及各相关职能部门的大力支持下，承担实施长沙市放心早餐工程项目。该项目工程通过建立管理总部、食品基地和配送中心，将早餐工程网络中心、物流中心和培训中心建成三位一体的管理架构，采用连锁经营管理的体系，即统一形象、统一管理、统一采购、统一生产、统一配送、统一价格。根据市政府及各相关职能部门的要求，充分结合长沙市的实际情况，以小区为基础，以街道为依托，运用亭、车、店、点多种终端网点连锁经营的方式，实现早餐食品的规模化生产、大物流配送，为广大市民提供卫生、营养、方便的放心早餐。

该放心早餐工程以“营养卫生、方便快捷、经济实惠、服务大众”为经营理念，以长沙市传统早餐品种为主，结合早餐的发展趋势与沐林食品研究院携手合作，研制开发更加美味、健康、营养的放心早餐食品。此项目的实施不但从根本上改善了广大市民吃早餐难的问题，也有利于美化市容市貌，有利于实施再就业工程，是为民办实事、办好事的一项“民心工程”。公司自 2009 年 3 月正式注册成立以来，虽然只有十多年的发展时间，但总公司的规模已经发展得相当可观，占地面积已经超过了上万平方米，员工和技术型人才也已经达到了 1200 多人。在不断完善的情况下，对产品进行生产的时候，也能够使用更标准化的生产方式，满足公司的发展需求，提高公司的生产水平。

三、海外淘金模式

在全球化的浪潮下，越来越多的企业冲出国门，将经营做到了海外。湖南经济在经历了改革开放 30 多年的发展与壮大后，已经具备了相当大的规模。随着实力的持续增强，湖南人的跨国业务也迅速扩大，越来越多的湖南商人开始了海外淘金的经营模式。而且在这种海外淘金模式的经营过程中，尽管湖南的民营企业主要是中小企业，大型的民营企业还不多见，但不同类型的企业根据自身的特点和产业特征，在海外淘金浪潮中形成了自身合理的内外部组织结构，取得了丰硕的成果。

在海外淘金的经营模式中，主要有贸易式经营、契约式经营、投资式经营和集团跨国式经营。

（一）贸易式跨国经营

贸易式跨国经营是指企业在本国从事生产，然后再销往目标国境内。这种模式的优点主要在于：一是投入的资本相对较少；二是产品生产可以集中于某一地区，有利于实现规模经济效益；三是有助于加强对产品的控制和信息的反馈，在一定程度上弥补了缺乏售后服务的缺陷。这种贸易式跨国经营按照是否经过第三者，又可以分为间接出口与直接出口。

间接出口是指通过本国或外国的进出口中间商代理本企业的出口业务，从而使本企业的产品或服务进入国际市场。这样，制造商与国外市场无直接联系，也没有涉外业务活动，不必专设机构和雇佣专职人员经营出口，既可节省费用，又无须承担出口风险，具有投资少、风险小的优点，是进入市场初期积累经验的有效方法。

直接出口是企业直接向国外的中间商或客户销售其产品。它的主要途径有：利用国外的经销商；利用国外的代理商，包括佣金代理商、存货代理商、提供零部件和服务设施的代理商等；设立驻外分支机构；直接供货于最终客户。直接出口的投资和风险相对比较大，对企业在专业人才和管理能力方面有更高的要求，但它有利于企业掌握国际市场的行情，与国外客户建立密切的联系，掌握产品流通领域的主动权，缩短在国外市场的流通环节，节约成本，增强竞争力。同时，它还可直接进入国外市场取得国际化的经验，及时调整自己的经营策略。

作为历史上久负盛名的“鱼米之乡”和“九州粮仓”，湖南善于充分利用自身的农产品资源，在海外业务中采用贸易式经营模式，使得本省的农产品在出口项目上占据重要的经济市场，也促使湖南市场逐步成为国际市场不可分割的一部分。根据湖南省统计局的数据，2021 年，湖南农产品对外出口总额达到了 33.3 亿元，比上年增长了 121.3%，占同期湖南省农产品出口总额的 49.6%。

除了典型的传统农产品出口外，当下高科技产品也在海外淘金模式中逐步创造出惊人的佳绩。比如，蓝思科技［原蓝思科技（湖南）有限公司］是通过内部资产并购重组后整体改制而设立起来的，在浏阳国家生物医药园注册资本 6000 万美元成立湖南浏阳蓝思科技（湖南）有限公司，在长沙星沙注册资本 6000 万美元设立蓝思科技（长沙）有限公司。它专注于视窗防护玻璃、触控功能模组的研发、生产和销售，是一家以研发、生产、销售高端显示屏触控玻璃面板为主，集资金、技术、劳动力密集于一体的外向型、技术先进型中外合资股份制上市公司，是首家通过自主研发将触控玻璃面板应用到高端消费电子产品显示屏上的集团型企业。目前，公司的产品主要应用在中高端品牌触屏手机和平板电脑上，拥有索尼、东芝、夏普、三星、亚马逊、黑莓、诺基亚、摩托罗拉、惠普、华为等全球知名客户。蓝思科技的业务模式并不复杂，就是“进料加工复出口”，也就是原材料和市场两头在外的业务模式。商业模式上，蓝思科技所接受和采用的是一种叫“Buy and Sell”的模式。蓝思完全是按订单生产，客户对其下订单之后，蓝思才按需求生产。以苹果手机客户与蓝思科技的合作为例：早在 2013 年 3 月，蓝思科技就接受和执行了苹果对其采用的“Buy and sell”模式。苹果规定：“由此前向经苹果认证过的玻璃基板、蓝宝石供应商直接采购的方式，调整为向苹果下订单后，再由苹果向玻璃基板供应商（主要是康宁公司）和其认证的蓝宝石供应商下达采购订单，最终供应商根据苹果的订单要求，直接将玻璃基板或蓝宝石发货至蓝思科技，蓝思科技按照订单要求进行生产。”

在这种跨国经营模式发展之下，早在 2011 年，蓝思科技就创造了出口创汇全省第二的纪录。而近几年的数据显示，蓝思科技在 2019 年实现营业总收入 30.09 亿元，同比增长 29.47%，其中出口额为 20.43 亿元，占营业总收入的 67.73%。2020 年，公司实现营业总收入 49.77 亿元，同比增长 69.25%，其中出口额为 32.93 亿元，占营业总收入的 66.16%。

图　蓝思科技

（二）契约式跨国经营

契约式跨国经营是指企业将自己所拥有的版权、专利、商标权、技术诀窍等知识产权，通过契约方式转让给外国企业使用，从而获得提成费、技术转让费或特许权使用费等。其主要包括许可证协议、特许经营、管理合同和交钥匙合同四种形式。

许可证协议（Licensing Agreement），即企业授权外国企业使用本企业的专利、专有技术知识、商标等进行生产和销售，并向被授权企业收取许可费或分享利润。许可证协议可以分为独占许可、排他许可、普通许可、可转让许可和交换许可。

特许经营（Franchising），是许可证协议的一种特殊形式，即企业将其拥有的商标、产品、专利和经营管理模式许可给独立的企业或个人，被许可方用特许方的名称经营业务，遵循特许方制定的规章和程序。作为回报，许可方可从被许可方处得到提成费和其他形式的经济补偿。特许经营包括产品分销特许和经营模式特许两种基本类型。产品分销特许又称为产品品牌，是一种产品转化形式。其典型的行业是汽车经销、加油站、饮料。经营模式特许是新兴的方式，也是目前占主导优势的形态。特许认可通过广告、展览、直接沟通、他人介绍等多种方式发展体系，加盟者从业务经营中获取利润，实现双赢经营模式。

管理合同，即企业以合同形式给予另一国家某涉外企业日常经营的权利。一般情况下，管理合同不授予国际经营企业有权进行新的投资、承担长期债务、决定红利政策、设定基础管理或政策变更或是对所有权的安排做出改变等，因此所管理范围只是企业的日常运营。管理合同是对企业经营活动的管理，不涉及股权或企业产权，故属于契约式进入模式。签订管理合同的目的是更好地利用外国公司的管理能力，提高经营效率，承担管理业务的公司因此而获得一定数额的“管理费”。

交钥匙合同（Turn-key Project），主要用于成套设备的交易。通常发展中国家在输入技术和设备时，无力单独完成建厂任务，而与供方（例如，发达国家的跨国企业）订立这类合同，由供方负责项目的全过程，包括从可行性研究到设计定案，再从采购设备、建厂施工到试车运转和正式投产，投产后合同结束。跨国企业可以利用自己在设计、施工和生产一系列环节中积累的专业知识和经验以及完成项目工程的综合优势，通过这种方式进入目标市场，特别是进入落后的发展中国家市场。

湖南环达公司通过多年的国际工程承包经营，培育了其独有的特许经营权优势，这也使得其在非洲市场发展战略中具备了其他同类型企业所不具备的核心竞争力。这种特许经营权优势表现为各类外经外援业务资质齐全。湖南环达公司具有对外经营权，具有商务部颁发的对外合作经营资格证书，具有商务部认定的对外援助成套项目A级实施企业资质，同时公司也是中国对外承包工程商会的理事会会员单位。这些国内其他绝大多数企业不具备的核心竞争力，使得环达公司在开展国际业务时享受到了特有的优势，如直接独立参与国际公路桥梁工程竞争、与其他公司合作参与国际公路桥梁工程竞争、直接开展劳务输出业务、承担境外工程所需的设备、材料出口等。

（三）投资式跨国经营

投资式跨国经营是通过直接投资进入目标国，即企业将资本连同本企业的管理技术、销售、财务以及其他技能转移到目标国，建立受本企业控制的分公司或子公司。采用投资式跨国经营模式，企业通常收获以下几点优势：首先，获得便宜的劳动力和廉价的原料，节省运费和关税，从而降低产品成本。其次，采用的是股权参与，因而得到了对目标市场和跨国经营活动力量更大的控制权。最后，与目标国政府、顾客、当地供应商、经销商等保持密切的联系，使产品更适合当地的市场环境。

投资式跨国经营模式包括两种方式，即新建投资和跨国并购。新建投资是指在目标国建立新企业或新工厂，形成新的经营单位或新的生产能力。跨国并购则是对目标国现有企业进行收购或参股来进入目标国。无论是跨国并购还是新建投资，从股权结构看，企业类型又可分为独资企业和合资企业。第一，独资经营。即投资者对国外企业不仅拥有所有权，而且对国外企业的经营活动拥有实际的控制权。第二，合资经营。即国外企业和母国企业共同投资，在目标国兴办企业，双方都对企业拥有所有权和经营权，即共同投资、共同管理、共担风险和共享利益。

在投资式的跨国经营模式中，湖南企业的跨国并购经营步伐明显得以加快并有显著成效。湖南企业在这种跨国并购过程中，善于利用自身优势，获取国外的重要战略资源、原材料、核心技术、扩大自身规模，进而争取到更多的在全球市场上的话语权。

湖南坚持立足现有的产业基础，鼓励支持有条件的企业审慎、积极、稳妥地开拓国际市场，在开展海外并购、收购优质资源方面，做出了成功的探索。比如，隆平发展的经营模式就是以科研技术为先导，通过并购和合作获得海外优质资源，以此提升自身竞争力，并开展跨国经营。具体来说，隆平发展以杂交水稻种子产业为主营业务，同时进行相关多元化，发展成为涵盖粮、棉、油、辣椒等农作物种子育、繁、推、销以及化肥农药物流、种业技术转让、种业对外贸易等业务的国际化种子企业。它曾并购巴西陶氏益农，这是为了获得先进的农业技术，进一步开拓新市场并吸收先进管理经验。同时，隆平发展还采取合作的方式，与许多国际大公司合作，共同开展跨国经营。例如，隆平发展与中信资本、中垦基金、中国－阿拉伯基金等签署了战略合作协议，共同开展海外并购和跨国经营。

这种跨国经营的方式有助于湖南企业加快技术革新和开拓新市场，提升湖南企业在国际市场上的竞争力。

此外，湖南的轨道交通产业、影视动漫产业、农林产业、信息产业也表现出具备进行大规模跨国并购的实力。

（四）集团式跨国经营

相比其他几种跨国经营模式，“集团”是大型民营企业在跨国业务中最普遍的经营模式。大型企业具有较大的规模，能够形成规模优势，提高抗风险的能力。由于大型企业都设有一些子公司，包括国内子公司和国外子公司，所以形成了多个企业组成的企业集团。企业集团的边界不是某个大企业的边界，它是若干企业的集合体。这种集团具有内部化优势，在研发和营销等方面能够节约成本，产生规模效应，适合跨国经营，因而成为跨国企业比较普遍的组织结构模式。

比起中小型企业集群，大型企业集团可以在更多的环节和更广的领域，实行共同的协作、协调和统筹，从而达到减少内部和外部交易费用的目标。而湖南民营企业正处在成长阶段，大型的民营企业还不多，而且它的“集团”结构要相对简单一些，母公司与子公司的关系更加紧密，管理和控制也更加直接，所以湖南不多的大型民营企业均尝试采用这种集团化跨国经营的模式，而作为文化产业的航母，中南传媒就是运用集团式跨国经营的一个成功典范。

中南出版传媒集团股份有限公司（以下简称中南传媒）由湖南出版投资控股集团有限公司整体改制而来，注入全部出版传媒主营业务和资产，成立于 2008 年 12 月 25 日，由湖南出版投资控股集团有限公司及其全资子公司湖南盛力投资有限责任公司联合发起设立，其有 20 家下属子（分）公司。该集团公司的经营业务涵盖图书、报纸、期刊、音像、电子、网络、动漫、手机报、数字报、框架媒体等多种媒介，拥有出版、印刷、发行、印刷物资供应等一套完整的出版产业链，是典型的“多介质、全流程”大型综合性出版传媒产业集团。

近年来，随着出版产业数字化转型的必然趋势，中南传媒不断加大“走出去”战略实施力度，强调“国际化视野、产业化目标、专业化水准”的出版思路，使集团国际化运营程度逐步提高，参与国际竞争的能力不断增强，逐步打开了通往国际传媒集团的通路，将“文化湖南”推向国际，推向世界，也在跨国经营中创造出一个又一个辉煌的佳绩。其实施了一系列走出去战略措施，主要包括以下几个方面。

图书版权输出：中南出版传媒集团积极推动图书版权输出，将中国优秀的文学作品向海外推广。通过与海外出版社合作，将中文图书翻译成多种语言，进入国际市场。同时，公司还通过国际书展、版权代理机构等渠道，扩大版权输出规模。

教育援外合作：中南出版传媒集团参与了国家对外教育援助项目，通过提供教材、教师培训、教育咨询等服务，帮助发展中国家提高教育水平。此外，公司还与海外教育机构合作，开展在线教育、教育培训等项目，拓展海外教育市场。

印刷服务出口：中南出版传媒集团利用自身的印刷技术和设备优势，向海外客户提供印刷服务。通过与海外印刷企业合作，公司将优质的印刷产品输送到国际市场，满足海外客户的需求。

文化展会走出去：中南出版传媒集团参与了多个国际文化展会，如伦敦书展、法兰克福书展等，展示公司的出版物和文化产品，向世界展示中国的文化形象。

跨国并购：中南出版传媒集团通过跨国并购，进一步拓展了海外市场。例如，公司收购了法国阿歇特出版集团、澳大利亚多元文化出版社等海外出版社，获得了更多的国际资源和市场渠道。

图　中南传媒展台

通过这些措施，中南出版传媒集团实现了资本、出版形态、数字化转型和海外市场的拓展，进一步提高了国际竞争力和品牌影响力。

中南出版传媒集团股份有限公司正是通过集团式跨国经营模式，实现了资本的国际化、多元化的出版形态、数字化转型和海外市场的拓展，从而不断发展壮大，成为我国出版传媒行业的领军企业之一。

四、区域品牌模式

区域品牌是指某个地域的企业品牌集体行为的综合体现，并形成该地域某行业或某产品的知名度和美誉度。它为一群生产经营该类产品的企业所共同拥有，消费者能通过该区域的名称联想到这类产品，如温州皮鞋，景德镇陶瓷。区域品牌的形成是以产业集群为基础的，是产业集群作为产业成长趋势不断创新发展的结果。

区域品牌是企业品牌、产业集群和地方特色的复合体。它包含有三个要素：地方特色、企业品牌、产业集群。第一，地方特色是区域品牌形成的必需基础。地方特色是由地理位置、风土人情、历史进程等相互作用而形成的。地方特色使得区域品牌在市场上具备独树一帜的风格，帮助区域品牌树立适合自身长期发展的市场地位。第二，企业品牌是构成区域品牌的重要因素。区域品牌是某地域的企业品牌集体行为的综合体现，拥有比企业品牌更丰富的内涵，因此，企业品牌的发展能够给区域品牌带来强大的带动效应，企业品牌对区域品牌的发展至关重要。第三，产业集群构成了区域品牌的载体。产业集群的产业规模、市场占有率、产品的科技含量、企业之间的协作程度与区域品牌的影响力以及知名度成正向关系。

作为中部崛起的代表，湖南近年经济发展步伐加快，形成了一批地方特色的产业集群，如浏阳花炮、醴陵陶瓷、邵东打火机等，以株洲、湘潭为中心的现代电力机车、轻轨地铁产业群，以衡阳为基地的高压、超高压输变电成套设备制造。在这种产业集群模式形成的基础与不断发展过程中，湖南商人开始了新一轮的模式创新——区域品牌模式的建立。

诚如人们所说，“世界烟花看中国，中国烟花看浏阳”，企业区域品牌建立方面最为人熟知的莫过于浏阳花炮。

浏阳市改革开放以前一直是以农业生产经营为主，改革开放后，浏阳市确立了“工业强市”的目标，大力发展传统产业——花炮加工业，花炮产业日趋成熟，成为浏阳市的支柱产业，占据全市财政收入的半壁江山。浏阳花炮在集群发展的基础上通过区域品牌战略模式的经营，还带动了造纸、印刷、化工、包装、机械制造、运输和宾馆餐饮等行业的发展。浏阳市城镇化建设的迅速发展，得益于花炮产业的腾飞。大瑶、澄潭江、文家市等集镇建设也都是在花炮产业的支撑下得以发展起来的。

浏阳物产丰富，制造花炮的原料如白硝、硫磺、杉木炭、纸张等大多能够由当地自产自给，而浏阳境内山多田少，劳动力剩余，更是为花炮产业的发展提供了丰富的劳动力资源。花炮作为浏阳的一个特色，历史深厚源远，《中国实业志》记载，“湘省爆竹之制造，始于唐代，发达于宋末，而发源于浏阳也”。另据史载，清乾隆年间，浏阳成为“湖南爆竹制造之中心地”。同治十一年（1872 年），“形成大行业，县城的南市街，南乡的大瑶铺、金刚头、文家市和杨花一带”，“十家九爆”，建有鞭炮作坊 300 余家，“最高年产 25 万箱，值白银 25.5 万余两”，“粤、晋、鲁诸省客商，纷纷入境采购”。千年的传承，早已使得花炮和浏阳人的生活紧紧结合在了一起，也为浏阳花炮区域品牌奠定了特有的地方特色与企业品牌要素基础。

虽然有悠久的历史，传统的品牌特色，但传统的经营模式还不足以让浏阳花炮跟上现代企业发展的步伐，因此在“十一五”期间，浏阳花炮开始注重产业结构的合理布局，注重产业链的完备衔接，在构建浏阳花炮产业集群基本模式的过程中，又注重浏阳经济社会的品牌形象，追求区域品牌模式的构建。“浏阳花炮”则成为浏阳对外经贸交往中的一张名片，形成了“名河、名曲、名城、名品”的独具浏阳特色的区域品牌效应。

近年来，浏阳花炮的区域品牌模式经营情况十分成功。浏阳花炮作为一个历史悠久的产业，通过不断推进供给侧结构性改革，以高质量发展为主线，以推进全国烟花爆竹转型升级集中区建设为重点，不断提升产业集中度、生产机械化自动化水平、本质安全水平、智能化管理水平，加快建设现代化产业集群，引领全球花炮产业转型升级。

据悉，2021 年，浏阳花炮产业集群实现总产值 261.5 亿元，其中出口销售额 33.3 亿元、国内销售额 171.7 亿元、原辅材料及相关产业实现 56.5 亿元。此外，浏阳花炮还深入推进技术创新，在生产机械化、焰火燃放艺术化、安全生产监管智能化、企业科研创新等方面取得了显著成效。

浏阳花炮产业集群的发展策略包括提高产业集中度、提升生产机械化自动化水平、加强本质安全水平、提升智能化管理水平等。这些策略的实施使得浏阳花炮产业在生产、销售、科研等方面取得了良好的成效，并进一步提高了浏阳花炮的区域品牌价值。

图　浏阳花炮地理标志

图　浏阳花炮展台

五、农业产业化模式

农业产业化是现代农业发展的方向与一般途径，是促进农民增收、推动农业产业结构调整、繁荣农村经济的有效手段。农业产业化，是指以国内外市场为导向，以提高经济效益为中心，对当地农业的支柱产业和主导产品，实现区域化布局、专业化生产、一体化经营、社会化服务、企业化管理，把产供销、贸工农、科技紧密结合起来，形成一条龙的经营机制。

近年来，湖南各地积极吸收国内外的先进经验，努力探索适合本地区现代农业发展的产业化经营模式，为发展优质、高效、生态、安全的现代化农业做出了很大贡献。在这个过程中也形成了四种比较典型的农业产业化经营模式。

（一）“公司＋基地＋农户”模式

该模式是湖南起步较早、发展较快的产业化经营模式之一，已被省内社会各界广泛接受。它的特点是坚持用工业化的理念进行组织，建立相对稳定的产业发展基地，开展专业化生产、规模化种植、产业化经营，充分发挥公司的带动作用，签订生产合同，增强公司的社会责任心，减少盲目生产的风险，满足了公司的利益需求，增强了农产品的市场竞争力。

永兴县正是通过“公司＋基地＋农户”的经营模式培育和扶强了永兴冰糖橙公司、玄田食品开发公司、隆平高科永兴分公司等一批农业龙头企业。该模式以公司为龙头，基地为依托，农户为基础，通过产业联动、资金联结、销售联盟等方式，将产、供、销等环节紧密结合，实现资源共享、利益共享、风险共担。这种经营模式在永兴县得到了广泛推广和应用，取得了一系列的成果：首先，永兴县充分运用青山垅系列生态大米荣获 2021 年全国地方特色产品精品展金奖的农业品牌优势，采取“村经济联合社 + 公司（永兴县高峰公司）+ 生产基地 + 农户”的多赢发展模式，预计 2022 年村集体可实现纯利润 30.3 万元，解决劳动力就业 200 余人。这种模式不仅提高了农民的收入，也促进了当地农业产业的发展。其次，永兴县积极引导和扶持龙头企业和农民专业合作社，推行“订单种植”，引导农民参与进来，提高种植效益。同时，发挥龙头企业的带动作用，采取“公司 + 基地 + 农户”模式，实现种植、加工、销售的有机结合。这种模式有效地促进了农业产业升级和农民增收。此外，永兴县还出台了七甲乡村级集体经济引导资金管理办法，有效解决了各村发展村级集体经济引导资金不足的问题。这一措施为“公司 + 基地 + 农户”模式的推广提供了有力的政策支持。

另外，临武县也积极发展“公司 + 基地 + 农户”模式，把农业产业化经营作为推进农业产业结构战略性调整的突破口和发展地方特色经济的切入点来抓。近年来，临武县采用“公司 + 基地 + 农户”模式，大力调整农业产业结构，聚焦农业产业链、价值链、供应链的“三链重构”，推进“六大品牌强农行动”，以此推动了农业的规模化、机械化和标准化，提高了农产品的品质和产量，同时也增加了农民的收入，构筑起美丽乡村建设的产业基底。

据报道，临武县已经形成了 10 余个主导绿色农业产业种植带，共有各类上规模上档次的绿色基地 60 个，绿色农业专业村 40 个，专业户 3500 余户。其中，以香芋为主体的绿色蔬菜面积达 0.27 万公顷，以脐橙为主的优质水果 0.2 万公顷，优质稻 0.47 万公顷，优质玉米 0.67 万公顷。同时，该县还成功创建了市级示范农民专业合作社 4 家、市级示范家庭农场 10 家，积极开展粤港澳大湾区生产基地认定，新增粤港澳大湾区优质农产品供应基地 4 个。

（二）“协会 + 农户”模式

近年来，该模式在湖南发展较快，表现出很强的生命力，其特点是大力发挥协会的联系纽带作用和协调维护作用，充分保障农户的利益。

该模式中，协会起到重要的中介和桥梁作用，为农户提供技术、信息、资金等服务，并帮助解决一些生产中的问题。同时，协会也承担了部分销售和市场推广的职责，为农户提供更广阔的销售渠道和市场空间。农户则在协会的帮助下，得到了更多的支持和指导，提高了生产效率和产品质量，同时也增加了收入。这种模式让农户不再单独面对市场，而是有了一个强大的后盾和支持系统，使得他们的生产和经营更加稳定和可靠。通过这种模式的实施，农业产业得到了有效的提升和发展，农民的收入也有了显著的提高。同时，协会和农户之间的合作也更加紧密和高效，形成了一个良好的产业生态。

如湘阴县鹤龙湖螃蟹协会就采用这种“协会 + 农户”的经营模式，它主要是以鹤龙湖螃蟹协会为中介，连接螃蟹养殖农户和市场需求方，提供螃蟹养殖技术、品牌推广、销售等服务，提高螃蟹产业的综合效益，实现蟹农和协会的共同发展。同时，该模式还依托鹤龙湖螃蟹的品牌优势和特色资源，推动当地农业产业的发展，促进农民增收和地方经济发展。

又如张家界市农协活跃在农村各个领域，成为带领农民致富的领路人。该市农村水果专业协会的兴起，为农民解决了产前、产中、产后的难题，帮助农民解决了销售难的关键一环。

其中，慈利县的“协会 + 农户”模式在水果产业方面取得了显著成效。慈利县果蔬协会成立于 2017 年，现有会员 156 人，覆盖全县 70% 的果蔬种植面积，共有示范园 22 个，占地 1200 亩。协会通过技术培训、现场指导、集中销售等方式，为果农提供全方位的服务和支持，提高果品的质量和产量。同时，协会还与一些电商平台合作，建立线上销售渠道，扩大销售范围，提高水果的知名度和美誉度。

除了水果产业，张家界市的畜牧、蔬菜、茶叶等产业也在逐步推广“协会 + 农户”模式。这些行业协会的成立，为农民提供了更多的市场信息和销售渠道，帮助他们更好地面对市场的挑战。

（三）“公司 + 协会 + 基地 + 农户”模式

该模式是在“协会 + 农户”和“公司 + 基地 + 农户”模式的基础上拓展开来的一种新型产业化模式，受到社会各界的广泛欢迎。该模式的特点是充分发挥行业协会的联系协调作用以及公司的带动作用，搭建公司和农户之间的合作平台，建设相对稳定的专业化生产基地，通过协会协调公司和农户的利益，使“协会 + 农户”模式带动作用不足的缺陷以及“公司 + 基地 + 农户”模式协调维护作用不足的缺陷得到了修正。

如靖州推广“公司 + 协会 + 基地 + 农户”模式发展茯苓产业，在交通便利、自然条件优越、周边无污染的地方，成立茯苓协会，建立茯苓 GAP 标准化基地，进行茯苓产品精深加工，对苓农进行新技术培训和提供技术服务，形成了以公司为主导，协会积极参与，基地建设为基础，带动农户参与的完整产业链条。

相关资料显示，目前靖州茯苓产业协会的会员数量达到 156 人，靖州茯苓产业共建立了 7 个茯苓基地。靖州茯苓产业在全国 10 余个省建立了 152 个茯苓种植基地，覆盖了较广的区域。此外，靖州茯苓产业在非洲马达加斯加、南非两国大面积种植，将茯苓产业推向了国际市场。

（四）“支部 + 协会 + 农户”模式

这是一种新型的农业产业化模式，该模式的特点是以协会为主体建立党支部，按照农村专业合作组织发展要求，以农户为基础，以产业为依托，挑选有事业心和致富能力较强的农村党员组成协会党支部，党支部抓协会，而协会联农户，推动和建立起农业产业化经营和农民增收服务的新机制。

郴州宜章县在探索现代产业化经营模式的过程中普遍采用“支部 + 协会 + 农户”的模式，通过支部领导、协会组织、农户参与的方式，实现了规模化、专业化、标准化的农业生产。

宜章县梅田镇龙村瑶族村就充分利用资源丰富、山多地广、土质肥沃等独特优势，围绕“一村一品”发展目标，采取“支部 + 合作社 + 基地 + 农户”发展模式，兴办瑶铺源种养专业合作社，带动农户入股合作社，引导农户积极发展种养殖业。截至目前，全村共有 15 家种养专业合社、5 户种养大户。他们还着力发展特色产业。通过“支部 + 合作社 + 基地 + 农户”发展模式，积极引导农户发展脐橙、油菜、藏香猪、牛等特色种养殖产业，不断壮大村集体经济收入。截至 2020 年底，全村共种植脐橙 5000 亩、油菜 600 亩，养殖藏香猪 3000 头、牛 200 头，其中脐橙已挂果 1200 亩，产值达 1575 万元，为村集体经济可持续发展奠定坚实的基础。

第三节　湘商典型案例分析

企业的发展壮大，需要顺应时代发展的潮流，特别是企业的管理者，需要把经营工作的重点由传统的生产管理、销售管理、人事管理等转向综合性的战略经营，不仅是一种思想观念的蜕变，同时也要掌控企业及市场的发展脉络，而实现这一切的手段和方法都蕴含在一个企业的经营模式上。

一、湘商新型品牌：国潮下的新消费——茶颜悦色的品牌创立之路

（一）茶颜悦色的诞生及概况

茶颜悦色是首创以中国风为主题的鲜茶店，在快饮市场追求产品转型的当下，中式文艺范的茶颜悦色无疑让人眼前一亮。茶颜悦色创始人吕良，本科文凭，广告策划出身。2013 年，“连续创业失败者”吕良受到中国风音乐的启发，以妻子为原型，画出了茶颜悦色的古典仕女 logo。同年 12 月 28 日，在长沙黄兴广场开出了第一家门店。茶颜悦色是以研发、生产和销售为一体的门店，为消费者创造高品质的休闲空间，茶颜悦色始终坚持自己的特色，推出了众多市场上独一无二的鲜茶饮品。

茶颜悦色抓住了地域性品牌发力的机会。它是茶饮升级里的一员，用鲜奶、原叶茶等更好的原料代替了以前的奶精和调配茶，更强调茶的质感，同时在品牌和店面设计方面更鲜明、时尚。茶颜悦色的画风更加中式，其产品系列用的是“浣纱绿”“红颜”“豆蔻”“花间词”这类古典的名字，店里的装修风格与杯子的包装设计，都带着水墨古典的韵味。一改以前的奶茶店卡通化、低龄化的形象，更受白领人群欢迎。在产品方面，除了前面提到的原料和配方升级，茶颜悦色还做了一些微创新，如茶颜悦色别树一帜的包装。另外，茶颜悦色有自主设计的文创产品，除了茶饮店本身销售之外，他们还有单独的零售品牌店“知乎，茶也”。文创产品有 100 个左右，包括茶和茶具，以及丝巾、伞、陶瓷等，希望能以文创类产品带动茶的销售，单独的文创产品店则是希望增加品牌的厚度。

从 2013 年的闪亮登场到 2016 年的持续影响，茶颜悦色目前已成为长沙市场的重要品牌。茶颜悦色从第一家店开业（2013 年 12 月）到现在拥有 22 家直营门店仅仅用了 3 年时间。茶颜悦色将中式呈现与西式制作结合，呈献给消费者的就是现代化的中式风，文艺范十足。2021 年 8 月，茶颜悦色入选艾媒金榜（iiMedia Ranking）发布的《2021 年上半年中国新式茶饮品牌排行 Top15》。2021 年中国茶饮十大品牌中，

茶颜悦色排名第五。2022 年 10 月，茶颜悦色荣获“新消费星锐品牌”。2022 年茶颜悦色在零售商业财经发布的“2022 中国十大好喝茶饮品牌”榜单中位列第五。湖南的奶茶品牌数量不在少数，以茶物语、奶熊为代表的连锁品牌在已签约的数量上更是海量级的，在众多对手中杀出一片天，作为直营店的茶颜悦色不可谓不成功。在这些上榜的茶饮企业中，茶颜悦色的门店数量是最少的，仅有 535 家，其他上榜的品牌诸如茶百道、沪上阿姨之类的，其门店都达到或者超过 5000 家。因此茶颜悦色上榜的含金量还是比较高的，这也体现了社会对茶颜悦色的认可。

（二）茶颜悦色的发展历程及品牌战略

1. 品牌策略：战略定位

风格主要倾向古代宫廷风，以中国风、民族风为卖点的新型鲜茶店。创业之初，吕良就给自己的品牌定位为新中式茶饮，采用中国风的Ⅵ风格和门店装修，定位契合消费群体。一是消费群体中 15—30 岁女性是消费主力。有关调查显示，在目前的茶饮料消费群体中，女性消费者明显高于男性消费者，而且以青年人居多。15 岁至 35 岁年龄段的消费者成为茶饮料市场的消费主体，消费量占整个茶饮料消费市场的 69.5%。二是国潮兴起，带有国潮元素是近年来新消费最鲜明的特征。新式茶饮能够爆火出圈还有一部分原因是其中国风设计及其中西结合的饮茶方式受到了消费者特别是年轻人的喜爱。以故宫博物院文创产品为代表的中国风潮，已在年轻消费群体中悄然流行。

除了招牌产品“幽兰拿铁”等外，还以“一杯鲜茶的永久求偿权”这种不按常理出牌的文案抢占市场，并且在随后的产品命名、物料设计、周边产品开发等方面，始终如一地保持了这个风格。

2. 品牌策略：深耕本地市场

茶颜悦色的火爆与其本身的独特性和深耕长沙市场分不开的，大家都把喝茶颜悦色与去了长沙等同起来。这为文化产业发展提供了一种新的方式，即通过深耕本土市场并且利用新媒体平台与城市形象相结合，实现文化产业与城市软实力协同发展。

每个城市或者地域都有其独特的文化和经典地标，以长沙市为例，橘子洲、火宫殿、岳麓山等地标串联起了长沙文化内涵和历史痕迹，茶颜悦色依此设置了有针对性的门店，如在太平老街设立“活字印刷”主题店与太平老街整体氛围相契合，在岳麓山顶开设主题店，在“一览众山小”的同时手捧一杯奶茶保留美好回忆。新式茶饮可以通过与经典“地标”的联动，在空间布局上与地域经典形象共存，形成“在场者”与当地特色文化共存的集体记忆，建构其成为一种新的文化、一种时尚文化，最终形成一种中西结合、带有地域中国风的文化产业。长沙的崛起也为茶颜悦色的发展提供了很好的土壤。

3. 品牌传播策略：强化 + 利用互联网传播

一个品牌成为网红的前提，是独特性。“茶颜悦色”对于中国传统元素的应用，打破了奶茶市场上包装的单一性，使长期购买西式奶茶的消费群体眼前一亮，在市场上脱颖而出。在运用中国元素中，“茶颜悦色”既注重“中国风”包装的一致性，又善于差异化，努力将其与其他“国风奶茶”品牌区分开来。在保留传统韵味和结合时代审美之间作出了适当取舍。有效整合了传统与现代，东方和西方的文化特色，延续人民大众喜闻乐见的中国文化符号，采用现代技术引领了新时代中国风的趋势。

茶颜悦色通过新媒体短视频等方式吸粉出圈，并且因其特色，具有很强的网红属性和社交属性，在内容分享的时代里，茶颜悦色的 IP 吸引了一众“自来水”，成功出圈长沙，火遍全国。2018 年 1 月，茶颜悦色获得天图资本数百万元天使轮投资。这一年，茶颜悦色的门店从 40 余家迅速扩张至上百家。在一个区域内开的店铺数量多了后，会强化消费者对这个品牌的认知和信任。强化消费者的认知和信任，是一个品牌成为网红的关键一步。

随着省内布局的完善，茶颜悦色也在寻找新的增长点和利润点，对茶颜悦色的品牌效应，以及未来新市场的开拓，都有很重要的意义。2020 年 12 月 1 日，茶颜悦色武汉首店在武汉新天地广场正式开业。后续进军除长沙之外常德、武汉、南京等地后，茶颜悦色继续与当地的文化结合。比如，它推出了“常回家看看”“江城过早”等区域性周边产品。

4. 品牌策略：持续创新布局

茶颜悦色品牌本身是原有奶茶赛道上的创新，茶颜悦色善于利用社交媒体也是迎合市场潮流的，后续也在通过社交媒体和客户反馈来了解客户需求不断地试验新的茶饮配。除此之外还在持续创新布局。

2022 年 8 月茶颜悦色打造出一个名为“鸳央咖啡”的独立品牌，入局咖啡赛道，一口气在长沙开出五家门店，继续延续茶颜悦色的新中式特色，美式咖啡被命名为“万般皆苦”，搭配栀子毛峰、生椰乳的拿铁被叫作“空山新雨后”。“新零售咖啡浪潮来临，转战咖啡市场是我们拥抱变化也是自救的一种方式。”2023 年 5 月，茶颜悦色还在长沙开出了一家名为“小神闲茶馆”的门店，提供精品原叶现萃奶茶、精品挂耳手冲咖啡、创意原叶茶三类饮品，以新中式茶饮吸引年轻人。

在降温又内卷的新茶饮赛道上，茶颜悦色的故事并不好讲。有人说网红属性强的茶颜悦色离开了与其深度绑定的长沙，其品牌独特性也会被削弱，但茶颜悦色无疑是湘人在奶茶赛道上的创新，走出了不一样的道路。后续茶颜悦色可以选择深耕本地市场发展更多可能性，比如中国风定制、下午茶定制、婚礼伴手礼等，也可以选择拓展赛道，结合中国风其他产品、其他饮品；或者与其他定位有契合点品牌联名等传播出圈方式。多样的布局和尝试中，茶颜悦色也在逐步覆盖各个消费需求，拥挤赛道之下，仍期待新故事。

（三）茶颜悦色的品牌塑造成功经验

“茶颜悦色”从2013年成立发展至今，成为我国新式茶饮行业近年来备受关注的品牌之一。“茶颜悦色”为什么能在同质化现象极为严重的新茶饮“红海市场”跻身成为头部品牌？

茶颜悦色能够在众多茶饮店中脱颖而出，主要原因是它赋予了茶饮全新的时代价值，在给消费者带来新奇口感的同时，更是满足了消费者对于产品附加值的需求；它突破了茶饮单一的商品属性，赋予了其更强的社交属性和品牌属性。茶颜悦色的品牌定位与个性、到品牌设计、品牌传播、品牌维护都走新国潮路线。新一代企业家在互联网和数字化大潮下的成长，他们拥有深耕细分领域的耐心和韧性，擅长用互联网思维和数字化工具去重新定义消费场景，去改造传统制造业，同时又将产品的审美和体验做到极致。

茶颜悦色品牌塑造策略的可取之处在于：

1. 通过合理有效的品牌的定位和再定位使得品牌持续具有差异性；

2. 注重品牌个性的打造，引导消费者偏好；

3. 用情感化的品牌设计与消费者进行品牌理念沟通，引起消费者的情感共鸣，增强消费者黏性；

4. 深度挖掘中国传统文化精髓与时代潮流相结合，从文化根源上为品牌赋能；

5. 注重数字化时代下的品牌整合传播，强调体现品牌传播过程中社会责任感；

6. 通过多种手段，积极进行品牌维护。

二、湘商跨国经营的成功典范——三一集团跨国经营模式

作为慢慢成长起来的湖南民营企业的代表，三一集团虽然并不能代表湖南民营企业跨国经营的整体水平，也没能形成自己独特的跨国经营模式，但是它的跨国经营模式的演进路径，从实践上佐证了民营企业的跨国经营模式的演进理论及演进模型。同时，三一集团跨国经营时进入市场的模式选择以及在跨国经营中形成合理的内部组织机构和外部组织机构，对湖南民营企业进行跨国经营模式选择有着重要的启示作用。

（一）三一集团的基本情况

三一集团有限公司位于湖南省长沙经济技术开发区，始创于1989年。梁稳根、唐修国、毛中吾和袁金华等四人于1989年6月筹资创立了湖南省涟源市焊接材料厂。1991年9月，湖南省涟源市焊接材料厂更名为湖南省三一集团有限公司。1994年11月，湖南省三一集团有限公司分立为湖南三一重工业集团有限公司和湖南三一（集团）材料工业有限公司，两个公司均具有法人资格，独立承担民事责任。1995年1月，湖南三一重工业集团有限公司经国家工商行政管理局（现国家工商行政管理总局）核准，更名为三一重工业集团有限公司。2000年12月，三一重工业集团有限公司整体变更为三一重工股份有限公司。2003年7月30日，三一重机有限公司成立，下辖挖掘机事业部、桩工机械事业部、新材料事业部。2004年1月13日，三一重型装备有限公司成立，正式在煤炭机械制造领域跨国经营。2004年3月1日，三一控股有限公司更名为三一集团有限公司。

自公司成立以来，三一集团一直秉持“创建一流企业，造就一流人才，做出一流贡献”的企业宗旨，打造了业内知名的“三一”品牌。三一集团的主要成员企业包括三一重工股份有限公司、三一重机有限公司、三一汽车制造有限公司等专业化公司，其核心企业为三一重工股份有限公司。三一集团主业是以“工程”为主题的机械装备制造业。主导产品为建筑工程机械（包括全液压混凝土输送泵、混凝土输送泵车、混凝土搅拌站等）、路面机械（包括平地机、全液压压路机、沥青摊铺机、沥青搅拌站、铣刨机等）、挖掘机械、桩工机械（旋挖钻机等）、履带起重机械、非开挖施工设备（水平定向钻等）、港口机械全系列产品。目前，三一的业务覆盖达到130多个国家，产品批量出口到60个国家和地区。混凝土机械、桩工机械和履带起重机为国内第一

品牌。2006年底，由三一重工自主研制，代表国际领先水平的66米世界最长臂架泵车成功下线，三一再次问鼎一项世界纪录。

（二）三一集团跨国经营模式的演进路径与经营战略的选择

具体来说，三一集团跨国经营的发展经历了三个阶段。

第一阶段（1994—2001年）：

这一阶段是三一集团跨国经营的初探时期。其经营模式以直接出口贸易为主，不论是产品的出口规模，还是产品出口国家数量都是很小的。

第二阶段（2001—2006年）：

此阶段是三一集团跨国经营的快速发展时期。经营模式由直接出口拓展到了特许经营、海外租赁、全球采购等。

1. 特许经营

2001年11月8日，三一重工股份有限公司与世界500强之一的美国约翰·迪尔工程和森林机械公司正式签订合作经销协议，成为该公司在中国的唯一合作伙伴和经销总代理，开湖南民营企业与世界500强合作先河。根据协议，三一重工在中国全面经销迪尔公司的工程机械和零部件，并提供售后服务，迪尔公司则在技术上全力支持三一重工，帮助拓展海外市场，全权代理三一系列产品在美国的销售。

2. 出口贸易

2003年，公司出口业务已经拓展到土耳其、台湾、澳门、东欧、非洲、东南亚、中东等国家和地区。2004年11月，三一重机股份公司分别与进口商签订了价值80万美元和50万美元的两个贸易大单，成功开拓了非洲的阿尔及利亚和摩洛哥市场。此外，公司又新拓展了俄罗斯、韩国、南美等地市场。2005年全年出口实现销售收入1.84亿元。

3. 海外租赁和全球采购

2005年，三一国际化战略以赤道为界分为北半球战略和南半球战略，在发达国家相对集中的北半球，通过国际合作参与竞争；在发展中国家集中的南半球，通过自主开发，利用产品优势参与国际竞争。2005年，三一集团在美、德、日等工业发达国家建立办事处或工程师办公室，实现采购全球化。

同年7月底，公司投资100万美元收购印度一设备租赁公司，在印度南部组建三一印度公司，主要从事生产设备的销售、租赁业。

第三阶段（2006年至今）：

在这一阶段，三一集团跨国经营进入了成熟发展期。相应的，其经营模式在原有基础上，增加了海外营销区域、与国内企业合作和投资建厂等模式。

1. 投资建厂

2006年11月，三一集团在印度普纳投资6700万美元建设工程机械制造基地。在印度的成功得益于产品的差异化、服务的差异化和本土化战略。同年，为了构建强大的智力资本优势，蓄积国际级的技术势能，三一集团公司在美国硅谷成立了SANYCOM有限公司。其首要任务就是利用当今最顶尖的技术，进行光电子有源器件、无源器件和光电子新材料的专业化研发，并为三一集团开拓欧美的光电子市场。

2. 建立海外营销区域

三一重工国际营销公司于2005年开始组建。2006年，三一集团已在全球49个国家和地区实现了设备销售，拥有一支由130名优秀国际营销代表组成的强大队伍。2006年9月，三一重工国际营销公司宣布了19个海外营销区域，力求在国际市场高端实现突破，将三一重工的业务覆盖全球。

根据公开资料，三一集团在2021年1月—11月期间，三一重工挖掘机海外销售超20000台，累计海外销售额突破100亿元，两项数据均创造国内工程机械行业新纪录。从区域来看，2021年来，三一重工挖掘机在印尼、泰国、加纳等15个国家地区牢牢占据“市场占有率第一”的位置。作为中国工程机械龙头企业，近年来，三一重工深度聚焦国际化核心战略，围绕海外重点市场突破，推动海外事业再上新台阶。数据显示，2011年至2020年，三一挖掘机出口的年复合增长率达到30%。其中2020年，在疫情冲击、海外工程机械设备需求下降27%的不利局面下，海外销售额实现正增长，销量突破10000台，其中微型挖掘机销量逆势暴涨90%。

3. 与国内企业合作

近年来，三一重工与国内企业合作情况十分广泛。三一重工秉持“最好的技术、最精的产品和最优的服务”走向市场，与众多企业建立了战略合作伙伴关系。

在工程机械领域，三一重工与徐工集团、山推股份、中联重科、广西柳工等企业进行合作，共同研发和推广工程机械产品。此外，三一重工还与中铁建、中铁一局、中铁物资等铁路基建企业合作，提供工程机械支持和设备采购服务。

在新能源领域，三一重工与华能集团、大唐集团、华电集团等电力公司合作，提供风电设备技术支持和服务。此外，三一重工还与中铝集团、中国有色集团等有色金属企业合作，提供矿山机械设备和采矿技术支持。

在与国内企业的合作中，三一重工注重技术创新和产品质量，致力于提供高效、环保的产品和服务，以满足合作伙伴的需求。通过与众多企业的合作，三一重工不断扩大其业务范围和市场影响力，成为国内工程机械行业的领先企业之一。

（三）三一集团跨国经营模式的成功经验

回顾三一集团跨国经营发展的历程，其跨国经营战略可以概括为在不同的国家与区域采用了不同的经营策略。

具体来说，包括三个方面：

第一，在工业最发达的国家（如美、德、日等）建立办事处或工程师办公室，以获取当代最先进的技术，并通过国际互联网与国内进行交互并行设计。

第二，在贸易最发达、交易成本最低的香港地区设立办事处，实现采购全球化，使关键元器件的质量和价格与国际先进水平保持同步。

第三，在相对落后的国家和地区，如印度、巴西等地建立生产基地，以相对低廉的成本制造产品，将高科技的产品与世界共分享。

三、湘商农业产业化经营的成功运用——农业产业化国家重点龙头企业湖南省茶业集团

（一）湖南省茶业集团的基本情况

湖南省茶业集团股份有限公司（以下简称湖南省茶业集团）是湖南省供销合作总社重点出资企业，是一家集茶叶种植、加工、科研、销售、茶文化传播、电子商务于一体，专业制茶、全产业链经营的农业产业化国家重点龙头企业，是中华全国供销合作总社农业产业化重点龙头企业、全国百家优秀龙头企业、全国供销合作总社百强企业、湖南省农业产业化十大标志性企业、湖南省百强企业等，注册资本 12942.5 万元，2022 年集团（含控参股企业及基地）实现销售收入 72.15 亿元，出口 8000 万美元，经营规模及综合实力连续十余年排名国内同行业前列。

集团现有控（参）股企业 60 余家，粗精制茶叶加工厂 72 个，拥有国家茶叶加工技术研发中心湖南分中心、湖南省茶叶种植与加工技术研发中心、省认定企业技术中

心三个省部级科研中心。

集团以茶为主，现有“白沙溪”“湘益”“君山”“洞庭”4个中国驰名商标，主要加工经营红茶、绿茶、黄茶、黑茶、白茶、青茶、茉莉花茶以及特种茶、小包装茶、袋泡茶、茶饮料、速溶茶粉、茶食品、提取物等产品。公司茶叶经营业绩斐然，除在国内销售外，公司在国外设有4个办事处，与俄罗斯、德国、英国、美国、摩洛哥、日本等100多个国家和地区建立了长期稳定的贸易合作关系，形成了遍布全球五大洲的营销网络体系。与此同时，湖南省茶业集团不满足于拥有完善的营销网络体系，还注重紧跟时代步伐，更新与完善原有的经营模式，全面启动O2O战略，实现“电商+店商”的完美结合，大力推广湖湘茶叶。

（二）湖南省茶业集团的产业化模式

湖南省茶业集团始终坚持“视三湘茶农为父母，茶农增收，公司增效，合作双赢”的经营理念，充分发挥国家级重点龙头企业的示范带动作用，采用“公司+基地+农户”的产业化模式。以基地工作为重点，通过建设示范性基地，扩大了茶叶良种面积；为茶农提供培训服务，增强了茶农技术能力；同时注重科技创新，让茶叶的附加值更加明显。

湖南省茶业集团依托其稳定友好的贸易伙伴关系、强大的市场开拓能力优势，大力培育知名出口品牌，加快良种茶园基地的建设。湖南省茶业集团在企业经营过程中，着重抓住市场的“两头”。一头是茶叶出口的目标市场，通过加大市场促销力度，采取积极灵活的贸易条件，扩大公司品牌产品的市场占有率，使产品销量得到提高；另一头就是抓茶叶原料的基地建设，通过及时与基地及农户交流市场信息，让基地和农户按照市场需求进行生产，并在技术、设备上给予适当的支持和投资，从而强化“公司+基地+农户”的经营模式。通过这一经营模式，湖南省茶业集团实现了经营网络的完美建设，也实现了湖南省茶产业的跨越式发展，为促进三湘茶农持续增收致富做出了巨大的贡献。

第一，保护价收购基地茶农茶叶，带动50万户茶农年户均增收9500元以上。集团连续17年（包括疫情期间）对下属基地的50万户茶农实行保护价收购，从根本上解决基地茶农的后顾之忧。尤其是在今年茶叶市场竞争激烈、疫情形势严峻的情况下，集团仍想方设法筹措贷款近15亿元用于“保护价”收购基地茶农茶叶，确保了基地茶农没有出现“卖茶难”的问题，得到了产茶区各级党委政府的高度肯定和茶农的广泛认可。同时，集团还采取“土地入股分红＋茶园管理工资＋返利”的做法，拓宽茶农收入渠道，保障贫困茶农的切身利益。

第二，强化利益联结，以产业化项目带动茶农持续增收。在给予茶农土地租金或土地入股分红的基础上，充分吸纳村民就业，并根据当年茶叶销售情况给予茶农一定比例的返利，提高茶农收入。如集团下属白沙溪茶厂流转小淹镇陶澍村土地，从2012年的400亩发展到目前的有机茶园1300亩，通过茶园基地用工、购买当地农家肥、土地流转租金、利润分红、务工薪金等方式，联结带动了当地567户茶农持续增收，确保了入股农户每户每年保底收益不低于2500元。如集团下属宝田茶业在会同县宝田、漠滨、朗江等乡镇领办了5个茶叶种植农民专业合作社，按照1∶1∶1∶7（公司∶合作社∶预留利润∶入社茶农分红）的分配比例，每年将茶园利润按上述比例进行分红，并为参与茶园培管和车间生产的茶农发放相应工资，直接带动当地10个村1427户4962名茶农人均年收入由2015年的2000元增加到现在的6000元。

第三，免费提供技术指导与产业化服务。集团每年都自筹上千万元资金，在品种改良、茶园植保、产品定位等方面为茶园基地提供免费技术指导与服务，十几年来共为适茶贫困地区基地提供了种苗6500多万株，发放资料24万余份，培训茶农13.6万余人次，指导和帮助40个基地茶园（面积14万亩）通过了欧盟、美国和日本等国家和地区的有机茶国际标准认证，进一步提升了基地产品竞争力，促进了茶农增收。同时，集团通过技术指导和服务及时帮助基地茶农抗旱救灾，有效降低了旱情给基地茶农带来的损失。

截至2022年底，湖南省茶业集团共在全省建立了优质茶园基地99个，面积达64.5万亩，联结带动了50万户基地茶农增收9500元，实现连续15年茶农增收10%以上。

（三）湖南省茶业集团的成功之道

以“公司增效、茶农增收、合作双赢，视三湘茶农为父母”的经营宗旨，湖南省茶业集团实现了跨越式发展。目前，集团拥有了4个中国驰名商标，3个省部级科研中心，2311家品牌专卖店和21000多个营销网点，成为了一家集茶叶种植、加工、科研、销售和茶文化传播于一体的全产业链经营、多茶类并举、专业制茶的农业产业化国家重点龙头企业，荣获全国百家优秀龙头企业、全国农产品加工业100强企业、全国农产品加工业出口示范企业、中国茶叶行业百强企业等荣誉，一跃成为湖南茶叶千亿产业的“领军者”。湖南省茶业集团善作善成取得成功的因素主要有以下几点。

第一，善抓机遇，勇于创新。创新，是引领发展的第一动力。任何一个公司的成功离不开机遇与创新的获取。自诞生之日起，湖南省茶业集团就在不断创新、不断超越。公司大胆推行基地建设，大力整合行业资源，大举开拓国际国内市场，实现了跨越式发展，不得不说正是得益于这种善抓机遇、勇于创新的精神。如集团顺应当前消费市场新趋势，瞄准年轻消费群体，重点发力新零售渠道，创新打造了“茶守艺”茶饮新零售品牌，在长沙市解放西路、橘子洲头等游客密集的核心商圈开设了“茶守艺”品牌体验店，创新开发了“理想照耀中国”“任性黑金”等系列产品，依托湖南卫视、湖南经视、人民日报客户端、红网、长沙晚报掌上长沙、小红书等媒体开展了密集宣传，成功打造了“传统湘茶 + 新式茶饮 + 湘茶文化周边产品”的新型品牌营销模式。目前“茶守艺”解放西文化墙已成为长沙主要网红打卡点之一，“潇湘茶守艺・桂花虫草黑金茶”等产品被选为长沙市宣传部门联合推广的手信，深受广大游客喜爱。2021 年，为进一步推动集团及全省茶叶出口增长，集团开展跨境电商业务试点，组建了新的跨境电商部门，将下属长沙市伟云电子商务有限公司转型为专业跨境电商企业，主要从事茶叶相关跨境电商业务。2021 年 8 月，公司成功注册亚马逊美国站店铺，2021 年 11 月正式出单，2022 年共成交 80 万美元。通过跨境电商业务转型试点，公司实现了以下三个方面的突破：一是营销模式创新取得新突破。通过跨境电商业务，公司在传统业务的 B2B 模式上拓展了 B2C 模式，依托亚马逊等跨境电商平台直接对接境外终端客户，实现了单一外贸模式向多元化发展，进一步完善了公司国际营销服务网络体系。二是品牌建设取得新突破。公司传统出口以大宗茶出口为主，主要为立顿、川宁等国外茶叶品牌供应茶叶原料，或者采取品牌合作的方式在国外进行销售，自主品牌销售较少。通过跨境电商业务，公司自主品牌销售推广渠道得到了进一步拓展，品牌知名度与影响力不断提升。三是出口利润取得新突破。跨境电商业务成功实现了公司原料供应到境外消费终端的直接对接，减少了国外进口商、经销商等分销环节，产品纯利润率由原来的 8% 左右提升到 20% 以上，为公司产品出口增长增添了新动力。这一举措不得不说是湖南省茶业集团善抓机遇，勇于创新的又一表现。

第二，共同致富的社会责任担当。“责任”是湘商精神的一个特点，这在湖南省茶业集团表现得淋漓尽致。如何有效消化数量巨大的生产量同时又保护农户的利益，调动农户的积极性？湖南省茶业集团采取“公司 + 基地（合作社）+ 农户”的经营模式，并且在这一经营模式的推广过程中，通过控参股、订单、包销、返利等几种形式，与基地茶农建立了密切的利益联结机制，连续16年对基地茶农生产的茶叶实行“保护价”收购，确保了茶农种茶制茶收入连续稳步增长。可以说，正是有了这种共同致富的责任担当才会有互利的经营模式与政策实施，也才能有效地实现“双赢”。

第三，科技文化并新，抢占企业人才制高点。在当今的时代，企业成功的关键在于企业科技、企业文化与企业人才的成功。

企业科技方面，拥有多个茶叶研发中心的湖南省茶业集团高度重视科技兴企，依托刘仲华院士团队、湖南农大和省茶叶研究所、中南大学湘雅公共卫生学院等科研院所的产学研合作支持，集团共打造部省级科研平台3个，承担部省级项目40多项，获重大科研成果28项，省级以上科技奖项5项，其中“黑茶提质增效关键技术创新与产业化应用”成果获国家科技进步二等奖；制修订标准15项，专利85项，每年研发创新茶产品30款以上。

企业文化方面，湖南省茶业集团高度重视茶文化传播发展，每年都承办（或协办）了湖南省茶博会、安化黑茶文化节、岳阳黄茶文化节等大型节会活动；协助编撰了《茶全书·湖南卷》《五彩湘茶》《文化潇湘茶》《湖南黑茶》等一系列湘茶文化著作；创建了以茶文化为特色的湖南省茶叶博物馆，打造了以湖湘茶文化为特色，融非遗技艺、工业旅游、茶文化展示、茶叶知识科普、研学旅游、网红打卡为一体的文旅消费新场景，全方面展示了茶叶种质资源、湘茶精深加工工艺、湘茶特色产品、湘茶历史民俗文化等内容，为游客呈现了茶叶自然资源、历史文化、科技创新等一系列的旅游感受空间，是传播湘茶文化的重要窗口。2022年，茶博馆共完成重要接待任务80余次及其他参观接待讲解任务120余场次，开展学生实践活动、学生研学游、社会团体茶文化交流活动、茶艺师及评茶员职业技能等级认定培训等系列活动60余场，接待国内外游客3万余人，对传播湘茶文化起到了重要的引领示范作用。经过多年的持续努力，集团已发展成为湖南省工业旅游示范点、湖南省科普教育基地、湖南省社会科学普及基地、湖南省茶叶科学技术普及场馆、长沙市专业科普基地、长沙市茶叶科学技术普及场馆、长沙市劳动与实践教育创建基地、长沙市十佳旅游购物示范点；下属益阳茶厂为茯砖茶制作技艺国家级非物质文化遗产唯一传承保护单位、白沙溪茶厂为安化天尖茶省级非物质文化遗产保护单位。在这里，湖南省茶业集团营销的不单纯是茶产品，而是上升为一种茶文化的弘扬与传播。这种文化的经营无疑是一种最为深刻的营销策略。

企业人才方面，湖南省茶业集团在积极履行了龙头企业社会责任的同时，注重拓宽培养与吸收企业人才的渠道。一方面公司发挥"茶农帮扶基金"的公益性作用，重点支持贫困地区茶业开发和茶农培训、组织专家宣讲、下派技术人员实行帮扶等。这种实地帮扶措施，很大程度上为公司发现挖掘基地建设人才提供了更多的可能。而另一方面，公司在湖南农大、湖南商务职院等院校成立了湘茶奖学金，并在安化等贫困地区设立了助学金，定点帮扶贫困学子。获得湘茶奖助学金的学子，对于湖南省茶业集团给予更多的关注，了解公司企业文化同时，对于公司的人才需求标准也会有相应的了解，学生有意进入公司发展则会更多地从企业人才需要的角度去完善自我，以便毕业之际可以更为顺利地应聘到公司就业。

这种在学校设立奖助学金的做法，不仅是湖南省茶业集团积极履行社会责任担当的表现，也是湖南省茶业集团企业文化得以弘扬与传播的一种途径，实质是一种校企合作共谋文化育人共同体的谋略之举，不管是为社会还是为湖南省茶业集团本身吸收人才都提供了更为广阔也更为精准的选择。

诚如德国社会学家马克思·韦伯所说："任何一项伟大事业的背后，都必须存在着一种无形的巨大的精神力量。更为重要的是，这种精神力量一定与该项事业的社会文化背景有着密切的渊源。"

一方水土养一方人，一方人才反映出一方水土的民俗风情，代表着一方水土的文化，不同的经营模式反衬出不同的企业文化。综观湖南成功企业的经营模式，我们不难发现湘商这个新品牌所蕴含的特有文化底蕴——湘商文化精神，即"责任、创新、和谐、诚信、务实"。这种湘商文化精神秉承了"心忧天下、敢为人先、兼容并蓄、实事求是、经世致用"的湖湘文化优良传统，是湘军在商业经济领域的征战的特有符号。

因此，我们说，正是湘商文化赋予了一批批湖南民营企业家们不断探索、勇于创新的内在力量与精神，促使他们逐渐走出湖南，走向全国，迈向世界，成为商界明星，也正是湘商文化铸就了湖南人特有的商业气质，这种气质使得湖南企业家们有着共同的魅力名字——湘商。

犹忆历史硕果是"湘军"，而今经济辉煌看"湘商"。相信"湘商"这名后起之秀将越走越远，越走越辉煌。

思政沙龙

1. 邵阳素有“湖南的温州”之称，其“邵东模式”闻名于世。对比浙江“温州模式”，请阐述湖南“邵东模式”背后所蕴含的湘商文化。

2. 查阅湖南商业名人的创业史，阐述他们身上所体现出来的湘商精神。

拓展训练

1. 以充分弘扬湘商文化为目的，为湘商文化艺术节设计一套节目方案。

2. 拟以学院湘商文化践行会的名义，组织一项户外考察学习活动，对接省内某著名企业，现场感受该企业文化并学习其经营模式。

第五章 | 湘商精英

湖湘文化源远流长，博大精深，是中华文化中独具地域特色的重要一脉。特别是一批又一批三湘英杰，以其文韬武略，叱咤风云，谱写了辉煌灿烂的历史篇章，使湖湘文化更为绚丽多彩，影响深远。历史是有继承性的，湖南历史上这些商界精英的业绩，不应该随着他们退出历史舞台而烟消云散，而应该永远成为后世的精神财富。于此，让我们一一领略他们的经济智慧，学习他们革新创造、求实进取的精神以及高超的管理才能、经营艺术，同时也吸取他们成功的经验和失败的教训。

第一节　传统湘商名流

一、陶澍

陶澍（1779—1839 年），字子霖，号云汀，湖南安化人。嘉庆七年（1802 年）进士。官至安徽、江苏巡抚，两江总督，监理两淮盐政。在经济上，陶澍是中国近代经济改革的先驱，他提出的漕盐改革、自铸银币等，都开始突破封建经济的藩篱，促进了商品经济的发展和商人地位的提高。

陶澍改革第一波：首倡漕粮海运。漕粮海运是清代财政制度的重大改革，是对封建漕运官僚集团的严重打击。海运的实行，使广大农民群众不至于长年累月地忙于治河、运漕、护河、护粮等无休止的劳役；也免除了漕运官员、运弁、旗丁的勒索、侵扰。农民减少了负担，有较多的时间从事农业生产，不误农时，有利于社会生产的发展和农民生活的改善。

陶澍改革第二波：推行票盐。以票盐制代替纲盐制，是对封建官商垄断盐业的严重打击。明清以来，纲商世代相承，与盐政官员勾结，把盐业当作自己的世袭领地，不许他人参与。实行票盐后，打破了纲商对盐业的垄断，无论何人，只要照章纳税，均可领票运盐。纲盐改票盐，是食盐运销方式的一场革命。食盐运输路线的改变，不仅仅是节省了人力、物力、时间和费用，更是从根本上打破了纲盐的一整套陈规陋习，建立了新的运销机制。新的运销机制的最大优点，就是减轻了食盐的成本，促进了官盐的销售。票盐从根本上废除了封建纲商对盐业的垄断，实质是以商代官，由盐业官营改为盐业商营，由官商对盐业的垄断变为盐业领域内开始自由贸易和自由竞争，它促使资本主义经济萌芽在盐业领域发生。

陶澍改革第三波：自铸银币。道光十三年（1833 年），陶澍和林则徐共同提出了以“自铸银币”为中心的改革货币的主张。清代实行银、钱并行的货币制度，银块称量计值，以两、钱、分、毫为单位；钱则由政府铸造，每枚一文，规定每银一两，抵钱千文。到嘉、道年间，随着西方国家的入侵，洋钱、鸦片纷纷流入国内，形成了严重的货币危机：一方面白银大量外流，另一方面则是银贵钱贱。这样，抵制国外货币的侵略，保障本国货币的稳定，成为当时最大的财政问题。在这种背景下，陶澍和林则徐通过认真的调查、考察，联合提出了以“自铸银币”为中心的改革货币的主张，遗憾的是此方案未被清政府采用。

陶澍改革第四波：治水创新。陶澍治水，继承了历史上行之有效的传统方法，如传统的“筑堤束水”之法，陶澍治理淮河时即在两岸筑堤束水，提高洪泽湖水位，蓄以敌黄，同时可以保护两岸民田。又如“蓄水敌黄，以水攻沙”之法，陶澍在治理洪泽湖时，针对黄河倒灌造成洪泽湖淤积成灾的实情，既疏通与洪泽湖相通各水，又抽水入湖，设法增加洪泽湖水量，从而使黄河之水难以倒灌入湖等，收到了良好的治理效果。

陶澍作为晚清第一才人，他经世致用的思想，农商并举的主张，实事求是的作风，为晚清中国的发展注入了一股清新之风，也成为湘商学习效仿的楷模。

二、曾国藩

曾国藩（1811—1872 年），初名子城，字伯涵，号涤生。先世为湖南衡阳人，清初迁湘乡之大界里（今属双峰），遂为湘乡人。道光十八年（1838 年）进士，改翰林院庶吉士，散馆授检讨，先后担任国史馆协修官、翰林院侍讲、会试同考官等职，道光二十七年（1847 年）升内阁学士，兼吏部侍郎衔，相继升授礼部右侍郎、兵部右侍郎、吏部右侍郎等职。

咸丰十年（1860 年）十一月，曾国藩上奏咸丰皇帝，提出“师夷智造炮制船，尤可期永远之利”，率先提出创办军事工业的主张。咸丰十一年（1861 年）八月，曾国藩率军攻克安庆后不久，便在此地创办了内军械所，一般称“安庆内军械所”，作为湘军兵工厂，以生产子弹、炸弹、火药为主，并修理枪械，有技工和技师百余名。这是清朝官方兴办的第一座新式兵工厂，也是中国近代民族工业的摇篮。

在举办军事实业的同时，曾国藩也进行文化产业的兴办。同治三年（1864 年）四月，他于安庆设立书局，并首定章程。江苏、浙江两地，自宋朝以来，一直是中国的人文荟萃之所，士绅家多藏书，镂版亦甚精致，然经过太平军战火洗礼，这一地区的文献典籍遭到了比较大的损失。曾国藩延请汪士铎、莫友芝、张文虎、刘毓崧、戴望等著名学者分任校勘，以次刊刻经史多种，对江南地区文化的恢复做出了相当贡献。

同治三年九月，随着湘军攻克南京，曾国藩幕府也由安庆迁往南京，军械所、书局也随之搬迁，不久，在曾国藩的领导下，江宁机器局（后改为金陵军械制造局）、金陵书局创立。同治四年，同时也在兴办军事实业的李鸿章和曾国藩一起，整合已有的松江洋炮局、苏州洋炮局、金陵军械制造局等军事实业，奏请设立“江南制造总局”，厂址设在上海。这是清政府所创办的规模最大的近代军事企业，包括机器厂、铸铜厂、铸铁厂、炼钢厂、轮船厂、枪炮厂、火药厂等下属企业，是今天“江南造船厂”的前身。

同治十一年（1872 年），曾国藩在南京去世，清政府赠太傅，谥号文正，入祀京师昭忠、贤良两祠。曾国藩所举办的军事实业对中国近代的工业发展有着深刻影响，容闳后来曾这样高度评价道：“世无文正，则中国今日不知能有一西方机器厂否耳。”

三、朱昌琳

朱昌琳（1822—1912 年），派名咨典，字雨田，又字禹田、宇田，晚年自号养颐老人，长沙县人。

朱昌琳自幼“生而和静”，少承儒业，考取秀才后，乡试屡不第，乃以教书为业。道光二十七年（公元 1847 年），湘中农业丰收，谷价骤贱，至“千钱三石”，“富室困弊”，人多以谷贱不愿经营。时朱昌琳在省城富绅唐际盛家课读，乃借资购入千斛。次年，沅、湘大水，谷价骤涨，至“倍十又五”，朱昌琳乃将积谷全部抛售，大获厚利，朱家“以此起富”。有人问过朱昌琳的聚财妙诀，朱昌琳回答说：“务审时，如治国。”

1864 年，清政府实行票盐制，招商交款领票运卖淮盐。朱昌琳第一个在湖南“应招”，一下子买了一百票，成立“乾泰顺”盐号。没多久，淮运大通，盐票由最初的十金每票猛涨至万金每票，朱昌琳想不发大财都不行。水涨船高，成为晚清长沙首富的朱昌琳自然而然也成为了湘籍将领的“贤内助”。

朱昌琳把治国的方略用于经商，他按茶叶产销流转方向，在安化、汉口、泾阳、西安、兰州、塔城等地设置分庄，分段负责茶叶收购、转运、加工、销售工作，各司其职，责有攸归。粮食、淮盐、茶叶，朱昌琳旗下的三大项目成为当时湖南商业贸易的支柱。

1877年，茶陵人谭钟麟任巡抚的陕西和湘乡人曾国荃任巡抚的山西都发生了饥荒。时年55岁的朱昌琳受两位老乡之托亲自前去赈灾。他用平江大布做成米袋，米到陕西和山西卖完后，把米袋拆开，染上颜色，就地购买棉花，做成棉衣卖，一举两得。后来左宗棠征西，朱昌琳负责供应部分军粮。左宗棠考虑到将士要做冬衣，要求朱昌琳也用平江大布做米袋。朱昌琳欣然答应。维新运动时期，朱昌琳在经济方面给予了积极支持，“湘中兴作，巡抚皆依恃以举”。朱昌琳去世94年后还有人记得，主要是因为他是个大慈善家。富商历代都有，但像朱昌琳这样的大慈善家却无论什么时代都非常的难得。朱昌琳是个很勤勉的人，到75岁才把生意交由其弟和子孙经营，但他并没就此完全歇下，他的工作重点开始转向慈善事业。

“暴富”之后，朱昌琳对公益事业非常大方。他设“保节堂”“育婴堂”“施药局”“麻痘局”；每当过年，在城内向贫困者发放年米；给乡下孤寡老人发固定粮折300多本，每年秋后可凭折领稻谷6担。他还广置义山，给穷人施棺；在黑石渡修义渡，置渡船3艘，派专人司船。昔日长沙小吴门至青山铺的30公里古道失修多年，路窄泥泞，行旅苦之。朱先生捐资铺设麻石路面，以利行人。他的私家园林——人称“朱家花园”，免费向游人开放。

众多的善事中，有两件给朱昌琳带来了“殊荣”。1877年，山西巡抚曾国荃、陕西巡抚谭钟麟托朱昌琳赈灾，朱昌琳毫不犹豫地捐献了大批粮食、布匹，因此得到朝廷嘉奖，获授候补道员。1897年，朱昌琳捐资十三万之巨，将湘江、碧浪湖和浏阳河凿通，历时十年竣工，这就是清波数里的新河。工竣，湘江和浏阳河汇合处水面宽阔，利于船只停泊，成为货运、商旅集中的码头，而浏阳河北面的沙滩则变为良田。新河开通后，官绅保奏，朱昌琳获三品卿贤，随后朝廷又特授内阁学士衔，人称“阁学公”。1912年，90岁的朱昌琳在长沙寿终正寝。

四、范旭东

范旭东（1883—1945年），原名源让，字明俊，后改名锐，字旭东，祖籍湖南湘阴，生于长沙，杰出的化工实业家，我国重化学工业的奠基人，被称作“中国民族化学工业之父”“中国重工业之父”。1915年，范旭东在天津创办“久大精盐公司”，股本5万元。他在塘沽的渔村开始研制精盐，很快令纯度达到90%以上，“久大”以海滩晒盐加工卤水，用钢板制平底锅升温蒸发结晶，生产出中国本国制造的第一批精盐，它品质洁净、均匀、卫生，品种主要有粒盐、粉盐和砖盐等，传统制盐方法生产出来的粗盐根本不能与之相比。

20世纪20年代初，他创办了亚洲第一座纯碱工厂——永利化学公司碱厂，突破了外国公司的垄断，与侯德榜等成功地解决了制碱过程一系列化学工艺与工程技术问题。30年代，他创办了我国第一座生产合成氨的联合企业——永利化学公司铔厂。抗战期间，他在大后方先后创办了久大川厂和永利川厂，推进了大西南建设，支援了抗战。他为我国民族工业的发展做出了重大贡献。

范旭东幼年丧父，随母谢氏和兄长范源濂到长沙定居，生活十分贫困。曾一度投身保节堂，靠这个“慈善事业”机构供养度日，这使范旭东幼小心灵中种下了发愤图强、艰苦奋斗的思想根苗。范源濂曾与蔡锷同时就学于梁启超主讲的时务学堂，因学习勤奋，深受梁启超爱护，半工半读，以赡养老母和培育幼弟读书。

范旭东在兄长帮助下，于1900年东渡日本留学，1910年以优异成绩毕业于京都帝国大学理科化学系。他潜心学习，与日本同学同住、同食、同学习，对日本民族那种奋发图强的精神感受很深，也进一步激发了他的民族自尊心、爱国心和勤奋学习的精神。他看到日本发展快，以强凌弱，先后战胜中国和帝俄后，更加痛恨清政府的腐朽无能，向往祖国富强，常以艰苦卓绝、勤劳勇敢的作风要求自己，身体力行。

范旭东在日本京都帝国大学毕业后，留校担任专科助教。1911年回国，在北洋政府北京铸币厂负责化验分析，但由于不满当时官场的腐败，两个月后辞去了工作。不久，被派赴西欧考察英、法、德、比等国的制盐及制碱工业，收获很大。回国后，历尽艰辛，于1914年在天津塘沽创办“久大精盐公司”。在此基础上，范旭东为实现实业救国和发展化学工业的愿望，又着手制碱工业，于1917年开始创建永利碱厂。碱厂开工之初，生产很不正常，在侯德榜等一批技术骨干的努力下，解决了一系列技术难题，于1926年实现了正常运转，生产出优质纯碱。

为了进一步发展盐业，范旭东于1926年至1927年，又先后在青岛开办永裕盐业公司，在汉口开办信孚盐业运销公司。在永利碱厂略有盈余后，范旭东于1933年12月着手创办永利碱厂。该厂于1934年7月在南京长江北岸六合县境内的卸甲甸动工，1937年2月5日生产出我国第一批硫酸铵产品。抗战期间，范旭东继续在大后方创办实业。1938年7月，他在四川自流井开办了“久大”自流井盐厂。同时，又在四川犍为县五通桥开办永利川厂。在办厂过程中，范旭东积极支持侯德榜等革新苏尔维制碱工艺，于1943年研究开发成功了联合制碱新工艺。

抗日战争胜利后，范旭东正准备派员分赴“久大”“永利”“永裕”等厂接收原有财产之时，突然身患急性肝炎，经医治无效，于 1945 年 10 月 4 日与世长辞。

五、熊希龄

熊希龄（1870—1937 年）字秉三，别号明志阁主人，双清居士。因晚年学佛，又有法号妙通。汉族，湖南省凤凰县镇筸镇（今沱江镇）人，被人尊称为熊凤凰。他是中国近代史上一位颇具政治、社会影响和传奇色彩的人物，担任过国务总理等显职，是中国近代著名的政治家和慈善家，又是湖南著名爱国实业家之一，是国瓷开山鼻祖、釉下五彩瓷创始人。

图　湖南瓷业学堂撮（摄）影，二排中为熊希龄

像许多先进分子一样，熊希龄面对现实，在忧虑中反思，产生了“实业救国”的思想。1904 年熊希龄不惜远涉重洋，到在实业方面有着成功经验的日本做了三个月的实地调查，并根据自己的考察所得，结合湘省的实际，对振兴湘省实业以及推广实业学堂提出自己的构想，并挑选了原有“土法制瓷”基础的醴陵作为全省实业振兴的一个试点，为发展醴陵乃至湖南的制瓷工业制定了完整的战略。

1906 年，熊希龄在醴陵城北姜湾创办了“湖南官立瓷业学堂”，在姜岭下设立了“湖南瓷业制造公司”，自任公司总经理。公司聘请了日本技师和国内拥有先进技术的工人，引进了当时日本最先进的生产工艺和设备，开启了醴陵由粗瓷生产到细瓷开发的新纪元，迎来了醴陵窑由粗瓷到细瓷、由分散经营到集约经营、由传统守旧到追求创新的一个全兴时期，也奠定了醴陵窑作为“国瓷”代表的地位。1906 年 9 月，瓷业学堂速成班的学员毕业，成功开发生产出高温细瓷。次年又在传统釉下青花装饰的基础上，发明出釉下五彩瓷器。釉下五彩瓷器瓷质细腻，画工精美，清新雅丽，别具一格，釉层下五彩缤纷，呈现出栩栩如生的画面，并因其看得见摸不着，不含铅、镉毒以及耐腐蚀、永不褪色等优点，风靡一时，誉满全球。

1915 年湖南瓷业公司釉下五彩瓷器“扁豆双禽图瓶”，参加巴拿马世博会（巴拿马太平洋万国博览会），与同时参赛的贵州茅台酒均获一等金奖，被国人誉为“国瓷”“国酒”，由此成为“国瓷”和“中华瓷王”的象征。20 世纪 20 年代到 40 年代，醴陵陶瓷的出口量很快便位居全国第一。

图　1915 年美国旧金山举行的巴拿马万国博览会中国馆全景

实业救国方面，熊希龄还把开办机器制造业和筹办湖南内河航运作为突破口，让湖南内河航运成为事实，抵制了西洋势力的进入；积极为湖南省矿产资源勘察和开采，以及争取粤汉铁路改道湖南而不是江西做出了巨大的努力。1937 年 12 月 25 日，熊希龄先生病逝于香港。

六、朱紫桂

朱紫桂（1838—1903 年），派名作卿，衔名光耀，号云轩，系明太祖朱元璋第 17 子宁王朱权之第 17 代孙，湖南双峰县沙田乡人。他是近代名满湖湘的茶商巨子。朱紫桂少时颖异好学，以家贫弃去，曾在梓门青兰煤矿挑脚糊口，16岁时，他在永丰舅父孙公处学徒经商，由于他虚心好学，善于交际，精明练达，将生意打理得井井有条。因此，他被红茶商人刘麟郊赏识，邀他共事，由刘公出钱，他负责经营。“所至辄赢，刘公以为能”。由于此时正是同治初年，欧美国家先后在汉口设立洋行大量收购红茶。长江中游湘、鄂、赣、皖四省生产的茶叶成批运抵汉口销售给外商，获利颇丰，朱紫桂就此完成了资本的原始积累。

同治四年（1865年），朱紫桂和自家兄弟独营茶市。五兄弟分工负责：在安化、梅山、湘乡等产茶地设立分庄；收购和加工制作、装箱发运；在湘潭设立“生记茶庄”收集和转运成品；派专人常驻汉口，掌握茶市行情。朱紫桂则来往穿梭于安化、湘潭、汉口之间，指导和检查各地茶务工作，到了上市季节，则亲自坐镇汉口与洋人打交道。由于茶质好，价格又合理，故深得外商信赖。当时汉口红茶市场有“生记红茶不上市不开盘”的行规，其信誉之高由此可见。

在经营茶叶的实践中，朱氏深感商场无异于战场，只有“知己知彼”，才能“百战不殆”。他将古人“合纵”“连横”之术，及《孙子兵法》运用到商场之中。以前茶叶上市季节，各省茶商各自为政，将茶叶大批运抵汉口，造成大量积压，甚至霉烂。外商见货源充足，就尽量压价收购，各地茶商为贪图蝇头小利，不顾成本高昂，竞相抛售贱卖，造成经济上的巨大损失。朱紫桂鉴于此，就倡议四省茶商在汉口成立联合总会，联手对付外商。计议将茶叶按各削口工情况，分批分量运到汉口，使外商摸不清茶叶产量的底细，因而竞相抢购，价格也大幅上涨，各省茶商获取巨利，莫不佩服朱紫桂远见卓识，朱氏兄弟也屡获巨利。仅十多年，就赚回外商白银百余万两，成为湖南著名的大茶商：“远近闻其名，持片纸走天下，声号冠湖湘”。从此，“湖南茶税收入大增，官私饶足，几达四五十年。”

朱紫桂致富后，慷慨好施，为本族和地方上做了大量的公益事业。他捐资修祠堂，修建沙田大桥，设立义学，设立义田，捐资双峰学院等。巡抚吴大徽书赠“君子有谷”匾额，朝廷方建“乐善好施”坊。

他主张学习西方科技，朱紫桂在经营中目睹外侮日急，忧愤之情溢于言表：“而泰西之学，海外盛行，惟我中国重古薄今，固执成法，辄以西学为鄙，究竟泰西之天算，舆图格致、化工等学，不惟无损我纲常名教，而其重工商，精制造以利天下而通有无，何惮而不为之，以图自强也。”在风气未甚开之当时能有见及此，实是难能可贵。

七、禹之谟

禹之谟（1866—1907年），湖南省双峰县人，中国近代民主革命家，湖南近代纺织工业之父。他曾以幕友身份随湘军参加甲午战争，运送粮弹，后去上海研究实业，与谭嗣同等相识，主张变法维新。1903年加入华兴会，1905年创立惟一学堂（湖南师大附中前身），1906年加入中国同盟会，任湖南分会首任会长，积极从事革命活动。同年8月10日在长沙被捕入狱，秘密解往湘西靖州，备受酷刑，坚贞不屈。1907年2月6日，被杀害于靖州东门外。就义前高呼："我为救中国而死，救四万万人而死！"

禹之谟出生于双峰县青树坪镇一个破落的小商人家庭，十五岁到邵阳做学徒，因不满店主的敲诈而辞工。回家后，潜心史学，习剑练武。20岁时禹之谟"提三尺剑，挟一卷书"游历四方，广泛接触社会名流，研究西方社会政治学说，爱国忧民之心日趋强烈。中日甲午战争中，禹之谟在清军中任军营饷械转运，因功赏五品顶戴。战后去上海研习矿学，走"实业救国"道路。1900年春东渡日本，先后在东京千代田和大阪工业区研习纺织工艺和应用化学，1903年，回国后利用从日本带回来的铁木混合织机，在湘潭县城设织布厂，生产毛巾，其产品质优价廉，畅销各地。1904年迁厂于长沙北门，规模逐渐扩大。禹之谟创办织布厂成功后，他人纷纷仿效，湖南近代织布工厂"一时创设不少"，"湘省工业之发达，盖自此始"。光绪末年，省内豫丰昌、永和祥等四家纺织机坊，年产织染布2万多匹，而且这些厂全部集中在湘潭，此地成为晚清纺织布中心。湖南人民出版社2003年出版的《湘潭经济史略》一书中说："湘潭近代棉纺织工业因近代民主革命斗士、湘乡留日学者禹之谟于光绪二十九年（1903年）在湘潭县城创办湘利黔织布局而开始起步"。《湖南省志》第一卷记载："禹之谟在1903年创立湘潭毛巾厂，是为湖南近代机织业的开端"。为培养革命人才，禹之谟在厂里办起了工业学堂，并捐钱创办湘乡驻省中学（湘乡一中前身）和邵阳驻省中学。1905年5月，一场源于上海、以抵制美货为主要内容的反美爱国运动进入高潮。上海通电全国，湖南立即响应。湖南最早投入运动的是禹之谟领导的湖南工业学堂的教职员与学生。由于禹之谟精诚爱国，敢于任事，深得各界群众的拥戴。他分别被推选为湖南商会会董、湘学会会长、湖南学生自治会总干事。1904年初，黄兴创立华兴会，禹之谟首批加入。1905年，受黄兴的委托在湖南组建同盟会湖南分会，积极组织反清斗争。1906年禹之谟被清政府逮捕，受刑不屈，第二年被绞杀于靖县东门，终年39岁。禹之谟墓位于岳麓山麓山寺北侧，与陈天华、姚洪业墓上下毗邻，为湖南省文物保护单位。

八、丁鹏翥

丁鹏翥，号博生，原籍衡阳，1891年（清光绪十七年）生于长沙，是中国羽绒工业创始人。

1918年，目睹国家内忧外患、洋货充斥市场，27岁的丁鹏翥忧心如焚。怀着实业救国的愿望，探索开发湖南经济的途径，丁鹏翥四处奔走，不断探索，发现鸭、鹅毛等废弃物大有利用价值。他还发现水禽的羽绒为球状，纤维发达，而陆禽的羽绒不甚适合，并向外商试探销路。外商要求选净粗羽，剔除灰尘杂质，绒毛商品才合规格。丁鹏翥潜心研究和试制取代手工操作的机械，利用棉纺业的清花及松花机原理，1918年4月，试制出第一台铁木结构的提绒车，后又加配了展羽车和煮洗烘绒设备，制成了全套羽绒机器（含提绒车、散毛车、筛绒车、压干器和散绒车等）。同年冬将此项发明报告北京农商部。1919年4月28日，北京农商部授予他发明专利5年，证书为第51号，在《政府公报》上刊登。湖南省发明机器的受奖者，他属第一人。当时欧美各国还没有发明提取羽绒的机械，他的发明，促进了中国民族羽绒工业的发展，同时也促进了各国羽绒业的发展。“羽绒”一词，也系他首创。

1920年，丁鹏翥卖去家产，悉心研究，发明横行衣胆和筛绒方法，使羽制品的质量达到更高的水平。1921年编写《整理中国羽绒贸易业商榷书》和《羽绒提制法》，对中国羽绒工业的发展提出了独创性的见解。此后，他对羽绒机器和羽绒制品不断改进创新，多次参加国际博览会并获奖。1924年将提绒机中的进毛门、风鼓、毛刷、板门4个部件加以改进，再次被农商部核准专利5年。同年，制成后来享有国际声誉的“丁制”三层式桶被。随着提绒车的不断完善，不久又制出驰名中外的湖南长沙华新羽绒股份有限公司出产的“丁制”鸭鹅绒被褥。

丁鹏翥曾任国民政府工商部机械工业技副、中国合作事业协会湖南分会主任、合作事业委员会常委兼总干事、湖南大学合作系副教授，并创办和主编《湖南合作月刊》；出版《合作事业》《合作实行新法》《生产合作》《合作概要》等20余种著述。

中华人民共和国成立以后，丁鹏翥拥护社会主义，主动放弃股息，对企业进行社会主义改造。1951年去北京，受命为轻工业部草拟全国羽绒工业发展计划。1956年被任命为长沙市轻工业公司董事长兼湖南省鸭绒被厂厂长。晚年仍念念不忘中国羽绒工业的发展，总结毕生发明及创办羽绒工业的经验，在病床上将《中国羽绒工业》一书加以补充修改，给中国现代工业史提供了可贵的资料。1958 年丁鹏翥在长沙市因病逝世。

第二节　现代湘商翘楚

一、余彭年

余彭年（1922—2015 年），男，本名彭立珊，香港知名商人，著名慈善家，被誉为中国“首善”。

1922 年，余彭年出生于湖南省涟源市蓝田镇的一个商人家庭，本名彭立珊。解放前，在上海做过书籍生意。而后又做过一段时间的新闻记者。20 世纪 50 年代，他被诬陷为“逃亡地主”，被捕入狱三年，后因案情有出入获提前释放。1958 年，余彭年偷渡到香港，行囊中只有一套换洗衣服。在香港，由于语言不通，他干过清洁工、勤杂工，建筑工。在他的回忆中，最苦时每顿饭一个馒头和一杯开水。20 世纪 60 年代初，余彭年辗转到台湾发展房地产，这让他掘到了人生中的“第一桶金”。1981 年起，余彭年向湖南捐资 2500 多万元，兴建社会慈善福利事业项目 20 多个，其中有：在涟源市兴建的立珊学校、处理污水的立珊水坝、彭立珊救护中心；在长沙市捐建的五一广场地道工程、长沙火车站的大型彩灯喷泉、彭立珊救护中心和彭

图　余彭年旧照

立珊豪华公共汽车线路——立珊专线；在大庸市（今张家界市）建彭立珊救护中心等。其义举受到社会各界的赞誉，被长沙市人民政府评为十佳市民。为管理好他捐资兴建的项目，经湖南省人民政府同意，1988 年 6 月成立了彭立珊长沙福利基金会。

余彭年历任香港元朗博爱医院总理、富得发展有限公司董事长、元昌置业有限公司总经理、亿朗有限公司执行董事和环亚酒店企业管理公司顾问、香港余氏慈善基金会主席。曾任尖沙嘴区街坊福利会永久名会长、九龙狮子会会长。1995 年余彭年当选为深圳市人大代表。余彭年投资 18 个亿在深圳市罗湖商业中心区建造了 57 层的五星级酒店——彭年大厦，并许下诺言：酒店收益的纯利润永久地全部捐献给社会福利和教育事业。余彭年向市人大提出立法请求：百年之后，彭年大厦的产权不赠予，不继承，成立专门资产管理委员会负责经营管理，所得利润继续无偿永久捐献。2015 年 5 月 2 日凌晨 1 点 37 分，深圳知名人物，著名慈善家余彭年先生在北大深圳医院与世长辞，享年 93 岁。

二、梁稳根

梁稳根，男，汉族，1956 年 12 月出生，湖南涟源人，中共党员，中南大学工学学士学位，高级经济师。曾任全国工商联副主席，三一集团的主要创始人。

1983 年，梁稳根大学毕业后顺利地分配到位于七星街镇的国营企业洪源机械厂。关于最初的下海故事，梁稳根总会提到贩羊。1986 年元旦，他得到消息，市场上一头羊可以赚 20 多元。于是，梁稳根和其他 3 位伙伴毅然辞去公职，直奔湘西、常德，甚至贵州这些产羊较多的地方，但等买回了一大批羊才得知，看涨的行情是由于外贸部门取消了一个大合同，过了元旦羊价就会跌。于是，他赶紧收兵，创业尝试以失败告终。随后做酒，也失败了；再做玻璃纤维，还是失败。几次失败的经历并没有改变梁稳根继续创业的梦想。

通过分析，梁稳根决定开发当时市场上一种很缺乏的有色金属焊料。1986 年，梁稳根等 4 人从亲戚朋友那里凑齐 6 万元钱，成立了涟源茅塘焊接材料厂。在一个地下室里，他们开始了真正意义上的实业报国之路。期间，他们通过 100 多次调整配方，几十次改变工艺，他们的第一个产品——105 铜基焊料问世。梁稳根把它寄给辽宁的一个工厂，可不久，梁稳根便收到了第一批退货——105 铜基焊料的质量不过关。

为确保来之不易的创业结出成果，梁稳根回到母校，请恩师翟登科教授来现场指导。1986 年 9 月，他们终于掘到了第一桶金，收到了第一笔货款——8000 元。梁稳根等人欣喜若狂，热泪盈眶，紧紧地抱成一团。初次告捷，梁稳根没有就此止步。这时候的他开始思索如何走出去。他注意到当时国家巨大的基础建设投入带来的无限商机——“基础建设我们虽然不懂，但基建行业的设备我们还是懂的。”梁稳根毅然决定冲入这个向来只有国有企业敢做的行业——重工制造领域。1989 年，梁稳根和伙伴们创建的工厂即实现收入突破 1000 万元。

1993 年对于梁稳根来说是非同寻常的一年，他将企业更名为“三一集团”，涟源的材料基地改造为“三一材料集团有限公司”，并将总部搬到了湖南省会长沙。随着市场的扩展，梁稳根又开始研制混凝土输送泵等工程建筑机械产品，并将行业里的著名专家请到公司任职或担任顾问。而这个领域面对的将是海外企业的竞争，梁稳根感慨地说：“我们要学习外企在资金、技术和人才以及企业运作和管理模式方面的长处，这是十分必要的，但也要看到海外企业的弱点，我们只有利用自己的优势来扩充自己，才能取得胜利。”当年，三一产值超过亿元大关。这一年是梁稳根个人创业史上的奠基之年，也是今天的三一重工股份有限公司的奠基之年。

从 1993 年到 2003 年，“三一”飞速发展，10 年间跃居中国工程机械行业的前列。2003 年，梁稳根再一次把目光投向更为广阔的全球市场。三一重工，主要业务为高新实用技术工程建设机械的研发、制造、销售和服务。多年来，梁稳根率领的三一重工始终坚持自主创新的道路，为中国工程机械赢得了国际声誉。

2005 年 6 月 10 日，“三一”重工通过股权分置改革方案，成为中国股权分置改革第一股，被永久地载入了中国资本市场发展的史册。然而，“三一”股改曾一度让梁稳根遭遇巨大压力。2005 年 5 月 9 日，当决策部门正式宣布三一重工成为首批四家股权分置试点企业后，梁稳根对这次改革的看法核心有两点：一是解决经营动力问题，二是完善资本市场功能。事实证明，三一重工股改不但成功了，而且为后来股改的企业提供了范本，收到了“企业一小步、证券市场一大步”的效果。梁稳根表示：“国家之责大于企业之利。相对于推动整个资本市场改革的进步而言，企业自身利益的得失微不足道。”正是在强烈的历史与社会责任感的驱使下，三一重工才能成功破解中国股市“头号难题”，梁稳根因此获得了 2005 年 CCTV 经济年度人物奖。评委会的评语是：他花了 19 年时间，把创业梦想耕耘成中国经济改革的试验田，2005 年，他第一家推出股权分置改革方案，他以产业报国的成功向我们印证——穷则变，变则通。

梁稳根是中共十七大、十八大代表，第八、九、十届、十三届全国人大代表，全国工商联第十二届副主席、执行委员。曾荣获“全国劳动模范”，“全国优秀民营企业家”“优秀中国特色社会主义事业建设者”，CCTV“中国经济年度人物”、福布斯“中国上市公司最佳老板”、福布斯“中国新制造先锋”等荣誉。

图 2012年12月12日，梁稳根当选中国经济年度人物

三、何清华

何清华，男，汉族，1946年出生，湖南岳阳县人，山河智能装备股份有限公司创始人、名誉董事长，国家认定企业技术中心主任，中南大学教授、博士生导师，湖南省科技创新战略咨询专家委员会委员，中国机械工程学会常务理事，享受国务院特殊政府津贴。历任中南大学机电工程学院副院长、十一届全国政协委员、工程装备设计与控制系系主任、长沙市企业信息化专家组组长、机械电子工程学科带头人、中南大学智能机械研究所所长、中国人工智能学会智能机器人委员会常务理事、中国工程机械学会理事、湖南省政协常委、民盟湖南省委副主委。先后获得国家科技进步二等奖、何梁何利基金科学与技术创新奖、出版《液压冲击机构研究·设计》、主导研制中国首台“隧道凿岩机器人”。

2020年9月17日下午，习近平总书记来到湖南长沙山河智能装备股份有限公司，察看生产线和产品展示，了解企业技术研发、生产制造、销售经营情况。在得知企业成功研发200多种具有自主知识产权和核心竞争力的装备产品，习近平总书记高兴地对企业员工说："今天天气虽冷，但我心里是热乎的，你们的创新精神给我留下深刻印象。创新是企业经营最重要的品质，也是今后我们爬坡过坎必须要做到的。关键核心技术必须牢牢掌握在我们自己手中，制造业也一定要抓在我们自己手里。"听到总书记对企业的鼓励，何清华感到无比振奋："总书记看到这么多不同种类的工程装备产品，用了'琳琅满目'四个字，充分肯定了山河智能的自主创新。在未来的几年，我们要把创新做得更扎实，体量做得更大，也要让我们国家的装备制造真正能够做强做大，由制造走向创造。"

1969年，何清华以知青的身份插队到益阳泞湖公社农机厂，在这里开始接触机械与设备，"机械缘"由此开始。几年后，他返回长沙，进厂当了一名工人。1980年，只有高中学历的何清华，依靠自学成功考取中南矿冶学院（现中南大学），成为机械系的第一位研究生，毕业后又留校任教。

1999年，53岁的何清华决定"下海"，去解决当时存在的"科技成果转化难"的问题。据何清华回忆，当时国内工程机械制造企业的核心技术和零部件大多依靠进口，国内工程机械企业在夹缝中求生存。何清华认为要想打开局面，必须要有自己的"关键核心技术"。公司成立之初，只有何清华拥有发明专利的液压静力压桩机这一款产品，却很受市场欢迎，第一年就实现了盈利。何清华说，液压静力压桩机是中国独有的一种基础建筑施工装备，节能又高效，"极具中国特色，属于'先导式创新'的产品。"这样的"先导式创新"基因，两年后又流淌到挖掘机领域，现在15吨以下的液压缸都是自己生产，这就是液压元件的突破。在"先导式创新"理念的基础上，山河智能又衍生出了原始创新、集成创新、开放创新、持续创新四种模式。何清华认为，产品是在使用中不断完善的。产品要经受客户和实践的考验，发现问题，然后进行一轮一轮地修改，一次次地迭代更新，不断创新和积淀，最终促使产品达到较高水平，这就是工程机械制造领域的产学研模式。

功夫不负有心人，通过持续努力，中国工程机械企业取得了多项核心技术的重大突破，山河智能也进入全球工程机械企业50强，产品出口全球100多个国家和地区。2022年5月和7月，搭载着数百台挖掘机和滑移装载机的中欧班列（长沙）山河智能专列，成功发运欧洲。2022年上半年，山河智能出口同比增长60%，其中挖掘机品类增长达到80%，矿用设备这一品类增长达到了200%。工信部的数据显示，我国现在已形成22大类工程机械产品，成为产品类别和品种最齐全的国家之一，挖掘机、起重机、装载机等主要产品产量居全球第一，产品出口全球 210 多个国家和地区，出口及海外营业收入占比超过 30%。

在山河智能厂区办公大楼前，“理想成就未来”六个近一人高的金色大字竖立在湖边，十分醒目。这是山河智能设立的企业精神标识牌，也是何清华写给员工，更是写给自己的一句话。何清华说：“中华民族在近现代的机械行业中落伍了，我们要始终为中国机械追赶世界先进水平努力，为世界机械工业增添中国智慧、中国力量奋斗。”

四、周群飞

周群飞，女，汉族，1970 年出生于湖南湘乡，中国香港永久居民。蓝思科技创始人。现任第十四届全国政协委员，蓝思科技股份有限公司董事长，被誉为“手机玻璃大王”。入选改革开放 40 年百名杰出民营企业家名单。

1970 年，周群飞出生在湖南省湘乡市壶天镇一个小山村。20 世纪 80 年代末期，父亲领着全家南下广东谋生。周群飞来到深圳，在深圳大学旁找了份工作，白天在手表玻璃加工厂打工，晚上去读夜校。周群飞学过会计，经常义务帮会计贴发票、抄流水账。为了尽量多掌握谋生技能，周群飞考过报关员、驾照。

1990 年，周群飞打工的手表玻璃加工厂搞扩建，但厂房建到一半停工了，老板准备撤资。周群飞找到老板，毛遂自荐。老板有些怀疑她的能力，但看到她坚毅的眼神，老板想，与其让工厂半途而废，不如交给她去试一下。工厂建成投产后，主要是为手表玻璃印字和图案。周群飞将平时自学掌握的丝网印刷技术，创造性地应用到工作中，印出来的产品效果非常好。很快，这个工厂在周群飞手上做起来了，成为公司效益最好的厂。

1993 年 3 月 18 日，周群飞和姐姐、姐夫、哥哥、嫂子、3 个堂姐妹，8 个人在深圳宝安区租了套三室一厅的民房，靠 2 万元启动资金，开始了独立的创业之路，搞的还是丝网印刷。

1997 年，亚洲金融危机席卷而来。周群飞抓住了这个难得的机会，又出资购买了几台研磨机、仿形机，在宝安区另找了个小厂房，将玻璃切割、修边、抛光、丝印、镀膜等工艺打通，形成手表玻璃完整的生产线。周群飞也从单纯为手表玻璃进行丝网印刷，“升级”为手表玻璃供应商。随着国内钟表业的兴起，周群飞的玻璃表壳生意越来越好，在行业内有了点名气。

2003 年，周群飞以技术和设备入股与人合伙，在深圳成立蓝思科技公司，专注手机防护视窗玻璃的研发、生产和销售。

2006 年，蓝思科技顺应产业转移的趋势，回到湖南发展。蓝思科技开始在浏阳建厂，2009 年投产。随后，在浏阳注册成立蓝思科技股份有限公司，并将蓝思科技总部放在浏阳。

蓝思科技已成为全球触控功能玻璃面板最大的供应商，大客户包括苹果、三星和华为等，2014 年营业收入 144.97 亿元，净利润 11.76 亿元。2015 年 10 月 19 日，《2015 胡润女富豪榜》发布，周群飞以财富 500 亿元，成为新一届内地“女首富”。2018 年 10 月 24 日，入选改革开放 40 年百名杰出民营企业家名单。

2019 年 12 月 13 日，周群飞入选 2019 全球最具影响力女性榜。2020 年 7 月 23 日，周群飞以现金捐赠总额 2 828 万元名列《2020 福布斯中国慈善榜》第 78 位。2020 年 11 月 27 日，胡润研究院发布《2020 胡润女企业家榜》，榜单显示，手机玻璃屏生产商蓝思科技 50 岁的周群飞财富增长最快，涨了 790 亿，以 1100 亿元首次进入前三。2021 福布斯中国最佳 CEO 榜周群飞排名第 33 位。

五、傅胜龙

傅胜龙，男，1962 年生于湖南邵阳，大汉集团党委书记、董事长、大汉国际工匠院创始人，清华大学研究生，中南大学博士。湖南省第十二届政协委员，中国商业联合会副会长，中国房地产协会副会长，正和岛湖南岛邻机构主席。先后获得首届中国特色社会主义事业建设者、全国五一劳动奖章、湖南省劳动模范、湖南湘江新区首届双创十大领军人物等荣誉称号。

傅胜龙因敢于挑战自己而超越他人，也因心怀天下而成就自己。他一手推动的“大汉”模式，已经成为中国转变发展方式的一面旗帜，而对于这种探索，傅胜龙自己却低调地表示，“我只是一个实践者”。

1993 年，傅胜龙“下海”，涉足钢材贸易市场。当时家庭与社会压力很大，大家都笑话他，一个堂堂大学生竟然好好的铁饭碗不要，来跑市场。当时涟钢周围至少已有上千家钢材贸易公司，傅胜龙是一个毫无社会背景与优势的后来者。如果说从铁饭碗变到泥饭碗已经苦其心志，而要变劣势为优势，则免不了劳其筋骨。在那个商品稀

图 大汉集团董事长傅胜龙

缺的年代，大家都是坐在家里等客户找上门，傅胜龙是第一个自己出去找客户的。他骑着一个摩托车，从一个县辗转另一个县，从一个市场辗转另一个市场，满地找客户，终于后发制人，在利润很低的条件下赚得盆满钵满。傅胜龙曾笑着跟人说，自己也是多年以后才从有关营销的书籍上知道，他当时的变革，是变“坐销”为“行销”。

傅胜龙很清楚，要想公司基业长青，管理者的思想就应做到“流水不腐，户枢不蠹”，他的成功，在别人看来是“天赋其才”，但他自己却认为是“天道酬勤”。第一桶金赚得并不容易。在那个商品资源稀缺的年代，鲜有人提及“顾客至上”的服务理念，当别人都在当“坐商”的时候，很多人可能都会和常人一样，坐在家等生意，傅胜龙却在创业之初就很重视服务品质的打造。别人只需花费三分力气就能挣钱的时候，他却硬要傻傻地付出十分的力气，甚至更多的精力去做同样的事。先天下之变而变的结果，是先天下之乐而乐。2010年，傅胜龙已经坐拥数十亿资产，曾经渴望的辉煌，已经从理想变为现实。

傅胜龙认为，企业要想长期发展，核心是诚信与服务，企业经营者更不能破坏这些坚持。他常跟属下灌输这样的思想：与人有利，取己之利。共赢，生意方能长久。一个真正成大事的人，应该是“大事能做，小事愿做”。凡事只有做与不做之分，大事都是一件件小事构成的。想，就要想得更细；做，就要做到最好。

2009年，正是全国上下房地产市场热火朝天之际，大家都争先抢占城市这个“大鱼塘”，傅胜龙却把开发中心放在偏僻的小城镇，充分发挥了大汉在小城镇开发的优势，不急不慢地占据了广大城镇市场。傅胜龙敢于打破常规，在不具备任何优势的情况下，打造自己的优势，当别人意识到他的赶超时，他已远远地走在前头。“不谋万世者，不足以谋一时；不谋全局者，不足以谋一域”。从不断超越到保持卓越，傅胜龙在布局之前已经成竹在胸。

六、陶一山

陶一山，男，汉族，中共党员，1955 年 5 月出生，湖南宁乡人，中南大学管理学博士。第十届全国人大代表，中国饲料工业协会常务副会长、中国肉类协会副会长、中国畜产品加工研究会副会长。荣获全国五一劳动奖章、全国优秀经营管理者、湖南省十大杰出经济人物、湖南省十大企业管理专家、湖南十大魅力湘商等多项殊荣。

1986 年，刚过 30 岁的陶一山被任命为株洲市饲料厂厂长。当时工厂产量较低，效益较差，而湖南省却是农业大省，年产生猪 6000 万头，占全国产量 1/6，陶一山深知其中蕴藏的商机，处事果断的他当即决定北上寻求先进技术帮忙。1987 年夏天，陶一山百般周折后见到了中国农科院畜牧研究所的教授王和民，他的真诚感动了王教授。王和民拿出自己精心研制的 11 个饲料配方，从中调制出 114 猪饲料和 211 鸡饲料两种饲料，交给了陶一山。陶一山高兴而归。回到工厂后他便与员工们非常细致地进行投产前试验，对 800 多头猪、2000 多只鸡进行喂养试验，总结制定工艺标准和检测标准，并将他们生产的新型饲料命名“骆驼牌”，取其负重、吃苦、进取之意。这匹金“骆驼”果然不负众望，1988 年，全厂盈利 150 万元。当年投产，当年盈利，“骆驼牌”一跃成为湖南的饲料明星。陶一山也成了名副其实的“赶驼人”。

1991 年 11 月初，陶一山随株洲市经贸考察团到香港参加国际工业博览会，香港经贸局做“红娘”，把他引荐给香港大生行饲料有限公司，几经谈判后，1992 年 7 月双方携手合作，“骆驼牌”商标以价值 70 万元的股份入股，双方共投入 6100 万元成立“湖南湘大实业有限公司”。合资运营后的第一年，销售收入突破了两亿元大关，“骆驼牌”饲料上了一个新的台阶。

1995 年，湖南湘大集团组建成立，可是从这一年开始，企业的发展连续 3 年处于低迷期，公司一次又一次通过模仿过去的成功经验寻找突破口，但接二连三败下阵来。1998 年 5 月，企业已发生的第二次月度亏损，销售每月下降，危机四伏。危急关头，陶一山处变不惊，他审时度势，冷静分析市场形势，经过详尽考察，问题的症结是产品营销环节受阻。深思熟虑之后，陶一山想出了一套别具一格的“顾客价值营销管理”方案。方案的核心是最大限度地提高终端顾客（养殖户）的价值，把营销管理的重点从关注竞争对手、关注经销商、关注每月的销量，转移到关注终端顾客（养殖户）的创造价值上来。

陶一山冒着亏损的风险，每月招收100名服务营销员，服务于田头农舍、鸡棚、猪圈；他还捐赠价值360万元的饲料给农民进行科技示范，并免费为农民举办科学养猪技术讲座，帮助农民提高养殖水平。一时间，湖南、广西、云南、贵州的一些农村到处是“饲料一枝花，骆驼富万家”的广告语。方案实施后，当年下半年企业就走出恶性竞争的泥淖，并从此一路小跑前进。1998年企业率先在饲料业推行“服务营销”，年销售收入3.5亿元。

借着“服务营销”创造的优势，陶一山开始走低成本扩张的道路。1999年，他通过租赁兼并的形式，最先在河南驻马店、江西赣州试点开办了两家外办子公司。陶一山只从集团派出总经理、营销副总、财务经理，其他人员都在当地招聘。两家子公司取得了巨大的成功，陶一山的事业从此一发而不可收，围绕饲料、种苗、动物保健、肉品加工、连锁商业五大产业大举进军，陆续在北京、上海、西安、河南、云南等全国11个省市兴办了20家外办子公司，1999年销售收入5亿元。

2000年湘大集团改组为唐人神集团。2002年4月7日，在广州举办的“全国企业家活动日暨第八届国家级企业管理现代化创新成果”颁奖会上，陶一山向与会的国家领导人、全国知名的专家学者和企业代表汇报了唐人神顾客价值管理的基本做法和取得的成果。由他首创的顾客价值营销管理以其最具有理论性、科学性、可操作性和推广价值，荣获国家级企业管理创新成果一等奖。

在2008年金融危机席卷全球的不利情况下，“唐人神”销售收入却超过60亿元，同比增长36%。20多年经营的经验告诉陶一山，市场低迷时，反而是集团发展的好时机。因为这时候，能源、原材料、人力成本都较低，再加上企业长期以来的大项目所形成的拉动力以及公司积淀的优秀文化所形成的牵动力，都让“唐人神”足以面对各种风波。

七、谢子龙

谢子龙，男，湖南湘潭人，1966年9月出生，本科学历，经济师、药师。现任老百姓大药房连锁有限公司董事长、第十一届全国人大代表、湖南省工商业联合会副主席、湖南省文联副主席、湖南省光彩事业促进会执行会长、湖南省影响公益基金会发起人、湖南省青年企业家协会副会长、中国医药商业协会连锁药店分会副会长、湖南中华文化促进会副会长。系中国摄影家协会会员、湖南省摄影家协会主席、湖南省艺术摄影学会副会长，湖南谢子龙影像艺术馆创始人、馆长，第十三届中国摄影金像奖（艺术摄影类）得主，被授予第二届“中国青年创业奖”“全国关爱员工优秀民营企业家”、第二届“全国优秀中国特色社会主义事业建设者”“中国光彩事业突出贡献奖”“湖南省劳动模范”“湖南省首届慈善奖”“湖南省优秀中国特色社会主义事业建设者”“湖南省十大杰出青年民营企业家”“湖南省百姓信赖的药品行业企业家”“长沙市2003年度文明市民标兵”“湖南突出贡献摄影家”等数十项荣誉称号。

2001年，谢子龙创立老百姓大药房，开创了“平价药房”新业态。本着“一切为了老百姓”的经营宗旨，老百姓大药房革命性地举起了“比国家核定零售价平均低45%”的降价大旗，在全国范围内掀起了药品降价的狂潮，给广大消费者带来了极大的实惠，创造了巨大的经济效益和社会效益。

“一切为了老百姓”，不仅是谢子龙创办企业的宗旨和动力，更成为他人生旅程中的一项神圣职责。

长期以来，药品流通领域环节众多，层层加价，回扣严重，导致药价虚高，广大人民群众用不起、吃不起药。政府进行了十余次政策性降价，但上有政策，下有对策，百姓所获实惠很少。老百姓大药房本着“一切为了百姓”的经营宗旨，充分运用市场经济规律，通过减少流通环节、对药品流通的腐败现象釜底抽薪、降低经营成本等措施，向虚高的药价宣战，很快就使长沙市的药价下降了约20%，随后引发了全国性的药品降价大潮。老百姓大药房所到之处群众无不拍手称快。

谢子龙是一个不拘泥常规思维的人，他把充满活力的超市业态运作模式引入药品零售业，将先进的连锁超市管理经验嫁接到药品行业，在全国首创药品连锁超市先河，开创了规模大、价格低、服务优、品种齐的平价药房，充分满足了老百姓的需求。首创“处方药柜台式、非处方药开架自选式”的经营方式，将一种实在又明白的消费模式植入医药行业。他冲破陈旧模式，开创“零距离经营”模式，努力营造舒适、愉快的购物环境。通过实施数据决策及信息共享，战胜多家竞争对手组成的“价格联盟”和“采购联盟”。新的盈利模式带来了药品零售业的“地震”，似乎猛然间形成了平价医药的燎原之势，各地同行纷纷来长沙取经，各地医药主管部门也大力推广“老百姓”的模式和经验，公司迅速成为全国同行效仿的范本，成就了一种新的经营业态。

谢子龙常说，企业的管理就像人的健康一样重要，药品与百姓生命休戚相关。他始终贯彻“一切为了老百姓”的宗旨，坚守商道，不搞短期行为，致力于提升企业核心竞争力，从而打造“老百姓”品牌。他不断探索科学的管理模式，采取独特的“老百姓头脑风暴”决策方法、灵活的战略管理、系统的物流管理、梯级式质量管理，在14个省区子公司及400多个门店大举进行GSP认证，建立了以总裁、高管、中层骨干及门店质量负责人为核心的质量管理领导小组及质量管理体系，严格遵照《药品管理法》和《药品经营质量管理规范》经营，严证进货渠道，严把质量关，让老百姓真正买到放心药、安全药，绝对杜绝质量安全事故。

“不以己利为利，而使天下人之利为其利”，只有追求企业价值和社会价值的最大统一，才能在变幻莫测的商海中屹立不倒。

八、张小龙

张小龙，男，1969年12月3日出生于中国湖南省邵阳市洞口县高沙镇，腾讯公司高级副总裁、Foxmail创始人、微信创始人。

张小龙1987年考入华中科技大学电信系；1994年毕业，获硕士学位。求学期间，张小龙的兴趣爱好十分广泛，无论玩什么，只要稍加练习，总能达到业余高手水平。除了玩之外，他的专业课成绩也十分优异。“他是我们之中最早学习C语言的人，当时C语言才刚刚诞生。”张小龙的同学张惕远回忆。除了软件之外，张小龙对硬件也很在行。研究生导师向勋贤评价张小龙：“喜欢捣鼓电脑，喜欢睡懒觉的年轻人。”

1994年秋天，24岁张小龙从华中科技大学顺利毕业，他放弃电信部门的铁饭碗，毅然投身活力四射的互联网行业。他开发了一款优秀的国产电子邮件客户端软件——Foxmail。1997年1月，FoxMail 1.0 beta（英文版）面世，并在winsite上公布，用户量达到200万，而当时的腾讯只有10万用户。Foxmail被誉为能与微软Outlook对抗的邮件软件。

2000年4月18日，张小龙以1200万元的价格把Foxmail卖给博大公司，并任公司副总裁。2005年3月16日，腾讯收购Foxmail软件，张小龙加盟腾讯公司，担任广州研发部总经理，全面负责并带领QQ邮箱团队，仅三年时间，QQ邮箱就成为腾讯旗下一款口碑产品。2010年底，张小龙给马化腾发出一封邮件，建议腾讯做移动社交软件，马化腾很快回复邮件，赞同张小龙的想法，并且让其作为负责人带领腾讯广州研发部开始这个项目。2010年11月20日，腾讯微信正式立项，由张小龙负责；2011年8月2日，张小龙任职为腾讯公司高级副总裁，负责腾讯公司广州研发部的管理工作，同时参与公司重大创新项目的管理和评审工作。2012 年，张小龙提出一个新观点：微信是一个生活方式，自此以后，微信一发而不可收，张小龙也被誉为“微信之父”。2019 年 12 月 26 日，张小龙入选新中国 70 周年百名湖湘人物榜单；2020 年 12 月 18 日，入选 2020 中国品牌人物 500 强，排名 54；2022 年，以 130 亿财富位列《2022 胡润百富榜》第 473 位。

九、戴跃锋

戴跃锋，男，汉族，1982 年 9 月出生于湖南邵阳，本科学历。御家汇股份有限公司创始人，现为水羊集团股份有限公司董事长、总经理。长沙市人民政府授予其 2010 年度“长沙创业之星”，2011 年度“长沙市十大优秀青年企业家”称号；2020 年，位列《2020 胡润 80 后白手起家富豪榜》第 46 位；2021 年上榜《2021 胡润 U40 青年企业家榜》。

2003 年，戴跃锋从湖南师范大学毕业后，在长沙一所学校工作。工作虽然安稳，但“不安分”的他总觉得与自己的理想有“差距”。一天，他随意地把自己用了一年多的索尼爱立信手机放到网上出售，居然一下就卖掉了，这个意外的成功，让他对电子商务大生好感。

2005 年初，戴跃锋在网上卖起了二手电脑。生意越来越好，他干脆从学校辞职出来单干。一来二去，每个月也有几千元收入。戴跃锋寻思着要找一个“更独具特色的商机”。

2006 年 10 月，在淘宝网湖南商盟的一次大会上，戴跃锋第一次见到了一款用隆回滩头白泥做的护肤品。他回去搜索了相关资料，发现这款“神奇的泥巴”在清代曾作为贡品，后来还远销欧美和日本。

“这不正是我要找的商机吗？”戴跃锋决心要拿下这个名叫“御泥坊”产品的网上销售代理。但毫无背景的他没有得到御泥坊老总的认可。直到一次御泥坊老总来长沙参会，戴跃锋事先得到消息，去这位老总入住的酒店登门拜访。

当时，御泥坊也曾“试水”过网络销售，但成绩不佳。老总对戴跃锋描绘的“网销蓝图”不以为意，而戴跃锋也不能承诺一年几百万元的销量，谈判一度陷入僵局。这时同住的人帮腔，“你自己网络销售做得不好，让别人试试，也是给自己一个机会。”就这样，这桩生意谈成了，2006 年 11 月，戴跃锋正式拿到了御泥坊产品的网络代理权。代理权虽拿到了，卖什么，怎么卖，成为戴跃锋当时面临的两大考题。

创意源于同类产品的启发。2006年底，淘宝网的“最佳面膜”称号被一家主打矿物泥浆的国际品牌摘走。戴跃锋从中嗅到了机会：“御泥坊的原料泥浆含有的矿物微量元素更多，我们应该开发这种产品。”他向厂商提出开发御泥坊面膜的建议。事后证明，面膜品类的开发之于御泥坊的发展厥功甚伟。2014年，公司仅面膜贴就售出超过1亿片，拥有超过1000万消费者，御泥坊成为“网络销量第一面膜”，创下每秒钟卖出26片的面膜销售纪录。

当时，御泥坊只是淘宝海量护肤品牌中不起眼的一个，怎样才能让消费者发现它的好呢？2007年3月，戴跃锋做出一个惊人的决定：御泥坊通过淘宝网赠送9000份面膜！只要用户通过支付宝支付一分钱，就包邮送货上门！戴跃锋至今仍庆幸自己的“英明决策”：“虽然9000份面膜总共花费几万元，但产品直接送到真正的潜在消费者手中，锁定了真正的消费者。”

如他所料，许多客户用完御泥坊面膜后，在论坛大秀自己的试用心得，御泥坊由此培养了大批忠实消费者。开业3个月，御泥坊声名鹊起，销售额突破了70万元。不适应市场的产品要立即下架，利用消费者的反馈信息开发热卖新品。在戴跃锋的运作下，御泥坊的网上销售规模急速扩张。可相对于网络渠道的成功，御泥坊的线下传统渠道却几乎崩溃，网络贡献了公司96%的销售额，此种情形下，2008年6月，戴跃锋以换股的方式完成了对御泥坊品牌及加工基地的并购，成为御泥坊真正意义上的掌门人，打通了渠道商与上游厂商的沟通渠道，更好地满足了顾客的需求。

2018年2月，戴跃锋带领御家汇股份有限公司（现用名：水羊集团股份有限公司）成功在A股上市，成为A股IPO电商第一股。戴跃锋本人也跻身亿万富翁行列。

对正在做着“创客梦”的年轻人，戴跃锋说：“创业，需要有一颗不安分的心，但仅凭一腔热情还远远不够。很多大学生认为创业是件很高大上的事情，老是纠结会不会失败，失败就惨了。其实在创业过程中，与痛苦、困难和纠结相比，坚持会更容易成功。我就是最好的案例，一路坚持，机会总会在不远处等你。”

思政沙龙

1. 查阅湖南近现代实业人物相关文献，讲述你最佩服或敬重的湖南近现代实业人物的成功历程。

2. 查阅最新的胡润财富排行榜，说说排在前列的当代湘商经商经历。

拓展训练

1. 收集十位湖南当代湘商人物资料，分析他们为什么会成功。

2. 以“成功商人的共性”为题，收集相关资料，说说他们在成功路上都有哪些相似点。

第六章 | 湘商成就

潇湘大地古有“惟楚有才，于斯为盛”的千古传奇和“无湘不成军”的旷世神话。湘军在从古到今的商业发展中秉承经世致用的思想、心忧天下的情怀和敢为人先的精神，经历了从湘帮打天下到湘商经营有道的发展历程，完成了从湘帮到湘商的华丽转身。在中国历史发展的各个时期，湘商都划下了浓墨重彩的一笔，创造了属于自己的辉煌成就。时至今日，湘商已经成为中国商帮的重要一员，进入中国新十大商帮行列，受到世人瞩目。如今每两年一届的湘商大会更是成为中国商界一道亮丽的风景。

第一节　古代湘帮的坚实力量

自古以来讲到十大商帮都没有湖南，不是湖南人没有经商办企业的才能，而是这种才能被政治才能和军事才能的锋芒掩盖了。虽然湖南人没有形成在全国有影响的大商帮，但湖南商帮的地方影响仍不可小觑。

一、商帮的含义

清人徐珂在他编撰的《清稗类钞》中指出：“客商之携货运行者，咸以同乡或同业关系，结成团体，俗称客帮。”这里所说的“客帮”就是今天我们所说的“商帮”。今人张海鹏、张海瀛先生在他们主编的《中国十大商帮》中将商帮定义为：“商帮，是以地域为中心，以血缘、乡谊为纽带，以‘相亲相助’为宗旨，以会馆、公所为其在异乡的联络、计议之所的一种既‘亲密’，而又松散的自发形成的商人群体。”商帮的出现，标志着我国封建商品经济发展到了最后阶段。

根据前人论述，亦可以把商帮定义为：商帮是明清两代以地域为纽带的封建商业联盟。

二、商帮的特点

（一）以“地”为名

以地域为中心，以乡谊为纽带。商帮就是某地的商人群体。商帮以地域为中心是指某个商帮由某地的人组成。这个地域可以是省，如山西人的晋商；可以是州，如徽州人的徽商；也可以是县，如浙江龙游县的龙游商；甚至可以小到镇，如江苏吴县东山镇与西山镇的洞庭商。各个商帮的活动中心可以在本地，但主要经商活动在其他地方，如晋商的中心在山西，但经商活动在全国，甚至国外；也可以活动中心不在本地，经营也不在本地，如徽商的活动中心在扬州，经营则在全国。

（二）以“帮”为核心

“帮”字的全义是为政治或经济目的而结成的集团。“商帮”就是为商业目的而结成的集团。有“商”并结为集团才能称为“商帮”。商帮的目的就是通过正式或非正式的组织联系实现共存共荣。其作用主要是规范帮内各商人的行为，制止相互之间的恶性竞争，并实现相互帮助。对外则是利用集团的力量为本帮的经商创造一个有利的环境。所以，也可以把“帮”理解为相互帮助之“帮”。在明代之前，我国商人的经商活动，多是单个的、分散的，是“人各自为战”，没有出现具有特色的商人群体，也即是有“商”而无“帮”。

三、古代湘帮的特点

“晋帮的银票子、徽帮的算盘子、湘帮的拳把子。”这三个“子”代表了三大商帮的基本特征。

所谓“晋帮的银票子”，是指晋商的银票。晋商最先搞钱庄，搞商业资本运作，搞“汇通天下”，且越搞越强大，人们后来所认识的所谓“晋商”，就是这个意义上的晋商，所以“银票子”是晋商的基本特征。

所谓“徽帮的算盘子”，是说徽商特别会在商业交往中精打细算，通过精打细算找到自己的盈利点。徽商主要是在江浙一带发展的，今天江浙一带的人特别是上海人仍然保留着这个特征。精打细算是保证在商业交往中能够盈利的一种基本素质，可见“算盘子”是徽帮的基本特征。

所谓“湘帮的拳把子”，就是湘帮会打。在明清时期，与晋商、徽商相比，湘帮初期的整体实力相对弱些，做生意经常被欺侮，这就迫使他们用武力来保护自己的利益。湘帮开创的宝庆码头就曾经被徽商夺去，湘帮打了一百年才最后夺回来。所以老一辈的武汉人今天说起打码头，都会提到湘帮。湘帮尚武精神特别强，这就是历史上湘帮的特征。当然不是说湘商是靠武力去征服市场，湘商也是讲诚信的，而且在当时的洪江还流传有湘帮另外一个商业信条——吃亏是福。湘帮是刚中有柔，柔中有刚，“打”，是迫不得已的一种自我保护手段。

图 洪江 1 号窨子屋壁上的“吃亏是福”匾额

四、古代湘帮的商业阵营

商业发展的程度和商人数量的多少、经商业务的频繁密切相关。事实证明，湖南商人在明清时期经济实力十分强大，不但在本省经商，而且在外省也有一定的地位。

（一）湖南商人在本省的商帮

1. 长沙府商人

长沙府包括长沙、善化、湘潭、攸县、湘阴、宁乡、醴陵、浏阳、茶陵、益阳、安化、茶陵十二州县。在这些州县的商人中，有经营小本生意的商贩，也有手工业匠人。明清时期，有“金湘潭、银益阳”之美誉。在清代，湘潭商人先后筹建了“五谷殿”“孙祖殿”“轩辕殿”三个行会组织，分别代表了湘潭粮商、鞋商、缝衣商经济实力之强大，商人队伍之庞大。益阳商帮中的茶商、木商、铁锅商、纸伞商、竹器商等无不创造了举世瞩目的成就。明代中晚期，安化黑茶不仅畅销边疆，还进入了俄罗斯市场。在清朝，安化的黑茶和红茶相继称雄欧美，欧美人非安化红茶不买，俄罗斯人非安化黑茶不吃，这是益阳帮茶商的骄傲。益阳木商在清乾隆年间扎簰运木材到汉口，在鹦鹉洲抱孤庵建立了中国第一个木商行业组织——安益会馆。“益阳帮”和“安益帮”势力范围遍及武汉三镇，是湖南帮中势力最大的商帮。此外，益阳还有“竹器之城”的美称。早在明朝初年，益阳竹器即成行业，从业者遍布城乡各地，产品街头巷尾到处可见；水竹凉席编织始于清康熙年间，后列为“岁贡之品”，每年由湖南布政使司发银 400 两至益阳采办，转送京师。

2. 衡州府商人

清代的衡州府辖九县一州：衡阳县、衡山县、耒阳县、常宁县、安仁县、酃县、临武县、蓝山县、嘉禾县、桂阳州。衡州府商人中最有名的是衡阳县商人。衡阳木商刘重伟因经营山场、贩卖木材致富。《同治衡阳县志》记载："康熙中，（衡阳县）刘重伟买田杉山，其地崖谷深阻，豺虎居其中，人以为荒山。重伟兄弟刊木通道，伐大木数千章，多七八围，未半鬻已足偿田价，于是坐致税利，为万金之家。至嘉庆时，子孙田至万亩。"乾隆年间，衡阳船商刘汉典看到衡阳无晚稻，于是驾驶船只从川东将晚稻种带回衡阳，为推广双季稻打下了基础，缓解了粮食缺乏的问题。到嘉庆年间，衡阳不仅有"大半不越本邑"的土著逐末者，还出现了"四方辐辏"的富商大贾，"所运菽粟布帛，足城乡之用"（《嘉庆衡阳县志》卷 11，《风俗》）。

3. 岳州府商人

岳州府包括四县：巴陵县、华容县、平江县、临湘县。商人中以巴陵商人最为有名。巴陵产棉布，虽然清代前期以洞庭商人为主的苏州商人几乎垄断了当地棉布的销售业务，但仍有为数不少的本地布商。古文家吴敏树的祖父在乾隆甚或雍正年间就是布商，本地布商坐庄收布，进行转手买卖。巴陵也产米，本地米贩利用"北通巫峡，南极潇湘"的便捷水运优势，使巴陵县城成为重要的米谷集散地。此外，巴陵人利用水多田少的特点，以渔为生的尤多，终生从事捞鱼贩虾的行当。

4. 郴州直隶州商人

郴州直隶州辖桂阳、桂东、宜章、永兴、兴宁五县。该州交通发达，是通往广东的要道，南来北往的商人都由此穿岭而过。乾隆年间，该州因采矿业的出现，"其食利者，则藉以路通岭表，盐商货，肩负骡驮，或小舟装载，取值脚钱。又铅锡坊场，砂夫客贩，营利蝇头。五属之中，宜、永与州，大率相似"（《乾隆郴州总志》卷 15，《风俗》）。嘉庆年间，本地商人还将烟、姜、油、炭等土产，贩售于外地。

5. 桂阳直隶州商人

桂阳直隶州辖桂阳州、嘉禾、蓝山、临武四州县。该州银矿蕴藏丰富，出了不少大矿商。桂阳州的邓氏、彭氏、何氏等家族，就是因采矿而起家致富的。湖南自古缺盐，食盐历来从淮河流域引进，元朝末年因战乱改从广东引进。桂阳直隶州因靠近两广，属两广行盐区而食粤盐，因此这里也出了许多因贩盐致富的大盐商。

6. 永州府商人

永州府辖七县一州：零陵、祁阳、东安、宁远、永明、江华、新田七县和道州。

零陵县位于潇水入湘江口，交通便利，因此该地船商较多，特别是明末清初，运送盐粮的大船商甚多。祁阳在零陵县之北，位于祁水之南入湘江之口。该县出产竹木，尤其是盛产杉木，当地木商每年载舟涉洞庭而抵鄂汉者络绎不绝。

7. 永顺府商人

永顺府辖永顺、龙山、保靖、桑植四县。境内山高谷深，连车辆、牲驮都不能用，给商业的发展带来了不便。该地区多外地商人，特别是本省各府商人。光绪年间，龙山县有常德、长沙、宝庆、辰州等四府商人会馆。此外，龙山县也有本地商人，即布商。

8. 沅州府商人

沅州府辖芷江、黔阳、麻阳三县。芷江县商业发达，道光时，芷江人多经营客货运输。在黔阳，乾隆时“乡曲以富名者，本富十之七，末富十之三，奸富则无”。由此可见，经商而富的人占了富户的三分之一。麻阳县位于芷江之北，锦水之滨，流经辰溪县入沅江，因此，麻阳船商最为著名。

9. 宝庆府商人

宝庆府辖邵阳、新化、武冈、新宁、城步五州县，其中以新化商人最为有名。新化产杉木和茶叶，其贩运杉、茶，“出外贸易”的多为新化商人。在乡村集市上经营“小盐铺店、绸缎、杂货店”，也多为本地商人。乾隆年间，有一名为陈明耀的新化商人，是靠贩卖盐荚、兼营高利贷而发家的大商人。武冈州多有去外地捕鱼、贩鱼的船商。

10. 辰州府商人

辰州府辖沅陵、泸溪、辰溪、溆浦四县。辰州府工商业多集中在辰溪、泸溪两县，故商人多。辰溪县多产铁，因为炼铁需要烧炭作燃料，需要铁矿石作原料，需要船只运输，故“炭户”“矿户”“船户”这些都是商人。泸溪县在辰溪之北，该县浦市镇，“百货所集，四方商贾辐辏焉。屋宇栉比，街衢纵横，居民率弃本逐末”（《乾隆溪县志》卷 5，《乡市》），卖的是桐油、白蜡、熟铁板，商人除本县本镇的人外，还有邻近麻阳、沅陵居民。

11. 常德府商人

常德府辖武陵、桃源、龙阳、沅江四县，主要以桃源县商人较著名。该县土地肥沃，旧称“鱼米之乡”，水路交通方便。据《常德府志》记载：“武陵桃源是谓有常之域。大江啮城，舳舻帆楫，时相上下，商贾所聚，百货辏集，人语欢声，辄喧午夜。”

商业之繁盛可想而知。武陵、桃源"旧称鱼米之乡，良有以也。境内产鱼米，油茶为最，……茶商通于安化，木贩集于河洑，盐木则回峰德山"(《嘉庆常德府志》卷13，《风俗考》)。发达的水运和丰饶的物产为商人的商业活动提供了天然的便利。

（二）湖南商人在外省的商帮

湖南商人不仅在本省经济实力很强，而且在省外其他地区尤其是与湖南相邻的一些地区也占有一定的地位，一些湖南商人甚至在外省建立了商人会馆。他们依靠会馆，得益于会馆，会馆克服了个体商人孤立无援的弊端，这是商人群体整合的一大进步，为湖南商人在外地经商营造了良好的社会氛围。

1. 湖南商人在广西的经商活动

广西是靠近广东与南部滨海的地区，经济比较发达，有不少地区的商人在此进行贸易活动。湖南商人就是其中之一。桂林府和平乐府邻近湖南，因此在这两地，湖南商人较多。早在乾隆年间，湖南就有许多商人在桂林府全州经商，他们将苏木、铁条等杂货运至桂林，然后又将桂林的棉花、白糖等杂货作为回头货贩至湖南。桂林府灌阳县与湖南道州、江华等县相邻，水陆通过灌江由全州进入湘江，所以在灌县湖南商人更多。平乐府北部与湖南永州府江华县、永明县相邻，故该府各县都有湖南商人经商。

2. 湖南商人在云南的经商活动

云南矿产资源丰富，湖南商人有来此采矿开厂的。在开化府，雍正年间"有江西、湖南等人，向皆聚集，开采铜矿及往来贸易，约有万人"(《史学旬刊》第4期)。在永昌府，乾隆十一年（1746年）有湖南商人来此开银矿，人数不下二三万。云南著名的蒙自县个旧锡矿，康熙年间在此开矿的，湖南商人占70%。

3. 湖南商人在四川的经商活动

四川位于湖南的西部，元末明初和明末清初，重庆、四川经过战乱，导致人口急剧减少。因此从中央到地方各级官府采取了一系列措施吸引外地移民，其中以湖南、湖北人口最多。在清代，湖南大量移民进入四川开荒种地，同时也有不少商人在四川经商。据统计，嘉庆时重庆领牙帖的行户共109行，其中仅湖广商人就领帖43张，占总行数的39%，为其他省商人之冠。与此同时，重庆明清时期商业繁盛，吸引了大量外地商人进入重庆市场，各商帮自乾隆时期就陆续在城里设立会馆。昔日重庆城著名的"八省会馆"，都具有相当的规模和经济实力，在八省会馆中，建筑最宏伟气派的要数财力雄厚的湖广会馆，它是湖北、湖南在渝商人的聚会之所，是明末清初湖广填四川的产物。

4. 湖南商人在湖北的经商活动

湖北省在湖南的北部，自明至清初，湖南、湖北统称为湖广省。由于历史、地理的原因，两省在经济上关系密切，即便在商人的称谓上也称为湖广商人。因此，湖南商人到湖北经商者，不乏其人。在汉口，早在明代，湖南商人就顺湘、资、沅、澧四水下洞庭湖去闯武汉，在那里开辟自己的商埠。后来，湘人来汉经商者日渐增多，见汉口已十分拥挤，遂朝汉水南岸的汉阳发展。逐渐，在汉阳鹦鹉洲上，居民逾万，三分之二是湖南人，鹦鹉洲因此被武汉人称为“小湖南”，尤以宝庆人为多。“宝庆”就是现在的邵阳，处于资水和邵水交汇的地方。早年的宝庆商人通过毛板船来到汉口。汉口人称这里的人为宝庆帮，宝庆帮成为当时汉口最有实力的一支湘商队伍。在清朝中期，宝庆商人凭借勇气、胆略在许多大城市建立了宝庆码头和宝庆会馆，形成了自己的商业王国。

5. 湖南商人在安徽的经商活动

在徽商的发展史中，芜湖一直是徽州商人首居之地，商人们将芜湖作为商业往来的大本营和桥头堡，并不断地由此向外扩张。在鼎盛时期，徽州商人利用内河和长江水道，将芜湖的米粮和布帛作为主要商品对外贸易，芜湖对徽商的兴盛与发展所起的作用更是无以复加。由于当地经济活跃，各地商人纷纷来此经商，湖南商人大多从湖南贩运米谷、木材来此销售，为了加强湘籍客商之间的联系，共商经营之事，湖南商人在安徽设有两湖会馆。

第二节　近代湘商的中国版图

一部中国近代史，就是一部中国人的血泪史，清政府无能，国力落后，列强入侵，战争频繁。资本主义自明朝中叶萌芽之后，在沦为半殖民地半封建社会的中国，发展几近停滞。在缺少雄厚的原始资本积累、先进的技术设备、政府的政策扶持等不利因素的大环境下，湖南人发扬吃苦耐劳、不甘人后的优良传统和精神，三湘大地上涌现出了一批有勇有谋的湘商人士，他们心忧天下、大胆开创，改变了湖南商人在全国的地位，同时促进了湖南本土商业的多层次发展。

一、湖南商帮迅速崛起

随着湘军镇压太平天国起义，湘军中的将帅开始扶持自己的家乡商人占取两淮盐利和西北茶叶市场。西北地区由于左宗棠主持军务，利用乡土关系，使湖南茶商得占据西北市场。正是由于湘军的兴起，导致了湖南商人的崛起并在全国产生了较大影响，这些商人以朱昌琳、魏鹤林、凌堂卿、朱紫桂等为代表。

朱昌琳、魏鹤林、凌堂卿、朱紫桂均以盐、茶起家。有的分号、分庄遍布半个中国，经营的商品远销欧亚两洲。

朱昌琳经营的米谷、淮盐、茶叶三大项目成为晚清湖南商业贸易的支柱，他凭着与湘军首脑曾国藩、左宗棠的关系，在东南承领盐引，在西北经营“南柜”，充当总商，领票包运包销，在湖南境内连年大量采办黑、红茶，转贩汉口、江浙、西北各地。

魏鹤林是晚清与朱昌琳齐名的富商，与朱昌琳一样靠经营粮、茶、盐起家，所开设的“德裕盐号”“德裕茶庄”，规模不亚于“朱乾”号。当时，太平军已渐平定，长沙城内做盐做茶生意的，发财者日多，朱昌琳就是在这个阶段扩大财富的。魏鹤林于是亲往扬州淮南一带调查盐务，编成《盐法小志》六卷；之后，魏鹤林又亲往陕西泾阳一带调查黑茶销路，编成《茶法小志》四卷。返湘后，在省城长沙小西门边上的朝阳巷购置房屋，创办粮栈，专做“杀米”生意，颇为顺手。

魏鹤林觉得粮栈的余利，已足供家中岁用开支，于是将祖遗田卖出三千余石田亩，转买盐票十张、黑茶票三百余张，专门从事盐茶生意，并将德裕栈改为盐、茶、粮食栈。魏鹤林除自有盐票十张外，又租他人盐票二十余张，开办德裕盐号，汉口、扬州一带增设有号庄。因为贩盐，魏鹤林获利甚厚，又在安化设立茶庄，专办粗茶叶，运往陕西泾阳县，用泾阳县的水做成茶砖，远销甘肃、新疆、蒙古、西藏以及俄国等处。各地均设茶号，用人不下数千百名，魏家的贸易与朱家的朱乾升栈并驾齐驱。

凌堂卿继承父业开设“生义全”商号，行商坐贾，多业经营，长寿街店铺占半数以上，平江县城东正街一带店铺几乎均属他所有。自筹盐船三十一艘，从外埠辗转运销食盐及其他商品，输出以茶、麻、油、纸、土白布、黄金、木柴、蔗糖为大宗，输入食盐、棉花、药材、日用杂货、广货为大宗，经营范围扩展至上海、南京、武汉、扬州、长沙、湘阴等省、县、市，并在这些地方设有商号，曾以“生义全”名义发行纸币，在邻近县市使用，畅通无阻。这一时期，“生义全”不仅在平江鹤立鸡群，而且也是平江经商活动打入外埠的一股强大经商势力。

清同治初年，朱紫桂看到茶叶出口获利较大，就转营茶叶。由永丰一家南货店主刘麟郊出本钱，他负责经营，先在湘潭开设“封君茶庄”，继在安化梅山等地设立七八处分庄，并派专人驻汉口掌握茶市行情。在经营茶业的实践中，朱紫桂深感经商无异于作战，他提倡将“商鞅变法”“孙子谋略”中一些可行的方法用于商场。他倡设茶业总会，以联合对付外商。当时，湘、鄂、皖、赣盛产茶叶，常成批运集汉口。外商见茶源充足，就压价收购。朱紫桂通过茶业总会与各省茶商计议，将茶叶分期分批运至汉口。外商见货源不足，则竞相抢购，朱等从中谋获巨利。与外商洽谈时，他总是相机行事，采取对策，各省茶商对此无不赞服。同治四年（1865 年），朱紫桂由与他人经营转为兄弟五人合营。由于他能通权变达，预料成败，屡获暴利，仅十余年光景，就成为湖南有名的大茶商。

以上四位的出现改变了湖南商人在全国的地位。湖南帮商人越来越引人注目，特别是湖南茶帮在西北八大帮中，仅次于津帮，名列第二。

二、湖南集贸市场加快发展

湖南素有建设集市场地的习惯，绝大部分散见于各地农村，主要是定期以产销直接见面和农副土特产交易为主。近代湖南集市贸易在传统集市贸易形式基础上有了新的动向，主要表现为集市的专业化趋向越来越明显。随着专业化商品生产的扩大，近代湖南专业市场明显增多，形成了一个专业市场系统。如凤凰阿拉营的牛市，嘉禾塘村墟的竹木市，湘潭易俗河、长沙靖港的米市，古丈罗依溪的桐油市，耒阳小水铺、郴县栖凤渡的茶油市，安化梅城、石门坭市的茶叶市，衡山石湾的蛋市，溆浦桥江的糖市，桂阳流渡桥的烟市，茶陵界首的狗市等，都是有名的专业化市场。专业化市场往往是以专业化产地作为货源地。如邵东县素有“百工之乡”雅称，在毛家栗山周围散落着数千座红炉，专工“三刀”，即菜刀、剪刀、剃刀为主的小铁器，还有土纸、笔墨、铁钉、锅鼎、渔网等工业产品，所以，这里的小五金市场异常活跃，辐射面广。

此外，在城市，新式商业店铺的大量涌现弥补了传统集市的不足，如长沙现黄兴路地段，在当时涌现出许多名特商店，一时光顾者如潮。

三、湖南工商业集镇不断涌现

集镇是集市培育和发展的结果。近代一批批工商业集镇在三湘大地不断涌现，主要有鹿角镇、长乐镇、河市镇、铜官镇、洪江镇等。

鹿角镇是兴起于湖南北部洞庭湖东岸的一个集镇，手工业方面以陶瓷业为主。渔业也较发达，有渔码头之称。除本地众多捕捞者外，还有无数外地渔船常集于此，捕捞渔具多达 80 余种。尤其是它位于洞庭湖东岸，附近一带盛产稻谷、棉花、油菜、豆、芦苇等，在以水运为主的清代，它成为洞庭湖的集散地之一，因而商业发达，牙行、布庄、钱庄、当铺达数十家，据载在最繁华时，仅屠宰场就有 28 家。

长乐镇，位于汨水中游，土地肥沃，物产丰富，具有发展工商业的良好条件，主要以棉布、茶油为大宗。棉布行有数十家，供应附近一带民用，也远销长沙、汉口。茶油则主要是集散转运，吞吐量年达万余担。此外长乐镇还多雨伞、烟草店铺，达 20 余家，每店有 20—30 人。

河市镇，西连湘江、洞庭，北倚汨罗江，水运交通便利。凡由长沙、湘潭、汉口以及荆河、里河运往平江一带的物资，都须经过河市，往来船只甚多。河市商业有南杂、绸布、百货、药店、屠行、米行、鱼行以及各类摊贩等。服务业有面馆、牙行、旅社、客栈、理发、水运等。手工业有造纸、印刷、铸造、陶瓷业、冷作、纺织、竹木业、磨坊、烟凳、缝纫、铜作、鞭炮、印染、制伞、碓坊、肠衣加工等。

此外，长沙的铜官，以盛产陶器为主，是一个陶瓷业发达的工商小镇。湘西的洪江，则是贵州及湘西、湘西南一带土特产品集散的工商集镇。

四、湖南商品国际市场大胆开辟

鸦片战争后，随着上海、汉口的先后开埠，全国贸易重心由广州转到上海，湖南由于位于长江中游的位置，省境湘、资、沅、澧四水可通过洞庭湖直达长江沿岸的汉口、上海，商品运输条件的改善使商品销量扩大。

在传统的中西贸易中，中国茶叶一直是西方资本主义国家需求的大宗商品，西方世界茶叶消费量的一半以上是由中国供应的，这大大刺激了近代湖南茶业迅速发展。

湖南的茶叶是湖南出口商品中的大宗。起初长沙府主要产绿茶和黑茶，绿茶销往省内和邻近各省，黑茶则远销西北陕、甘、新疆及内外蒙古一带，故俗称“边茶”。咸丰初年（1851—1861年）由于欧美市场的开拓，国际市场对红茶的需求量骤增，促使沿海外国商行纷纷到内地收购茶叶。咸丰八年（1858年），粤商佐帆由广州入湘取道湘潭，抵达安化倡制红茶，为安化制造红茶之始，因红茶价高利厚，促使安化等地茶农于原有黑茶之外，又大量生产红茶，以转输欧美。外商收购长沙红茶，一般都由外国商行买办，与长沙各地茶庄签订合同，前往各地采购茶叶。随着茶叶采购的“合同制度”日臻完善，各个环节安排得井井有条。“合同茶”靠外国商人以预付款的方式解决了茶庄的资金问题。茶庄与货栈合一，处于地区中心位置，买主从驻地四处到周围农村，在集市或市场购进茶叶，然后加工制作，装箱外运，依靠这种“合同制度”，红茶出口规模迅速扩大。

此外，湖南的鞭炮、瓷器、湘绣等传统产品随着国门的打开，也找到了巨大的国际市场。

湖南浏阳鞭炮历史悠久，声名远播，有“十家九炮”之称。进入近代，浏阳爆竹业发展更为迅速，并逐渐形成了颇具规模的产业。由于浏阳境内水运较为发达，鞭炮大多通过民船运输到大的口岸，再转轮船或者通过陆路运输到各地。粤汉铁路开通后，浏阳鞭炮外销则多通过铁路运输，鞭炮的流通速度加快，运输量大幅提高。正因为如此，浏阳的鞭炮业获得了迅猛发展。19世纪70年代以后（光绪年间），湖南商人将浏阳爆竹试销于上海、南洋，深受欢迎。汉口等地商人见有利可图，竞相将浏阳爆竹向外洋推销，于是开创了湖南爆竹外贸出口之先河，促进了浏阳爆竹业的空前繁荣。民国初年，浏阳鞭炮占全国鞭炮出口的三成左右，而到1928年其出口比例增至一半左右，在全国鞭炮业的地位大幅度提高，产品远销东南亚地区和日本、朝鲜、英国、美国等地。

湖南醴陵陶瓷生产已有近两千年的历史，享有“瓷城”美誉，是举世闻名的釉下五彩瓷原产地。清朝末年至民国初年，醴陵瓷业进入一个新的发展时期，被称为东方陶瓷艺术的高峰。1915年，醴陵瓷器远涉重洋，参加了在美国旧金山举行的巴拿马太平洋万国博览会，参展的釉下五彩扁豆双禽瓷瓶和贵州茅台酒同获最高荣誉，为中国赢回两枚金牌奖章。自此，醴陵瓷器举世闻名，采购客商络绎不绝，一批私营细瓷制造公司相继兴建，当时的盛况大有与景德镇并驾齐驱之势。

湖南刺绣业最远可追溯到春秋战国和秦汉时期，经过历史的长期继承与发展，至清代时期，刺绣在湖南民间已较为普遍。湖南刺绣作为商品生产发展繁荣，并以"湘绣"之名享誉中外，始自19世纪中叶之后。光绪二十四年（1898年），吴莲仙在长沙红牌楼正式开设"吴彩霞绣坊"，这是湖南第一家湘绣作坊，"湘绣"之名也由此产生。之后，在湘绣先驱的带动下，湘绣生产规模日益扩大，从业人数日益增多，技术也日益精湛。到20世纪，湘绣多次参加国际博览会展销，饮誉海外。如1911年，在意大利都朗博览会上，攸县绣工林琼莫的绣屏获得了仅次于卓绝奖的最优奖；1915年，在美国旧金山举办的巴拿马万国博览会上，湘绣绣品获一等奖。

第三节　当代异地商会的崛起

当改革开放的大潮澎湃而至，湘商扬帆起航，乘风破浪，又一次成为走在时代前列的弄潮儿、经济建设的主力军。他们弘扬湘商的传统精神，以心忧天下的爱国情怀和艰苦卓绝的开拓精神，为国家的繁荣昌盛创造出许多新的商业奇迹。这是湘商发展史上最厚重的一页。经过十余年的商朝洗礼，湘商纷纷自发组织，开始以商会的形式组成合法社团，交流乡情，沟通信息，互助合作，共谋发展。

一、商会的含义及其特点

商会，是商品经济的必然产物。一般是指商人依法组建的、以维护会员合法权益、促进工商业繁荣为宗旨的社会团体法人。它具有互益性、民间性、自律性、法人性的特点。

异地商会的产生，有其深厚的经济基础和社会基础，并在成长过程中显示出巨大的发展潜力，其作用是随着经济的发展不断地被挖掘出来，并已成为企业和政府、企业和企业及企业和社会之间的重要纽带。异地商会除了作为商会的一般特征之外，还存在其特有的特征。

二、异地商会的特征

（一）经济性：地方政府的合作对象

作为一种“体制外”生成的社会组织，异地商会是在不利的制度背景和外部环境中生成、发展的。在这样的环境中，一个异地商会的治理，所要克服的制度和意识形态障碍是相当大的。20世纪90年代中后期以来，地方政府以经济建设为中心的投资发展氛围愈益浓厚，地区之间的经济竞争也在不断加速，各地方对人才、资源、资金和市场的激烈竞争成为中国改革进程中一种主要的社会现象和主导地方政府行为的一种基本社会要素。在这种新的制度环境下，那种可以在短时间内增加GDP总量、具有“加速度效应”的招商引资作为扩大开放、加快地方经济发展的一项重要举措，成为各地方政府领导的工作重心，甚至成为许多地方党委和政府的“一号工程”。各地纷纷出台各种“亲商、安商、引商”的优惠政策以吸引国内外资本到本地投资。

（二）异地性：横向政府间的合作平台

在一个竞争激烈的市场结构中，当众多分散且相互平行的企业难以形成一致性行动时，当地区之间由于行政壁垒造成合作困难时，通过一个中间性治理组织的嵌入，用以协调不同地区行业成员的行为，不仅可以使行业治理得以有效实施，而且还可以实现各种组织资源之间的有效整合，促进地区经济的全面发展。

异地商会作为联系原籍地政府与所在地政府的中间性治理组织，在区域经济合作中逐渐发挥出越来越重要的作用。主要体现在信息和投资力量方面。在信息上，异地商会能够及时地捕捉到所在地的市场需求，并及时反馈到原籍地市场，这种无过滤的信息传导机制能够更加有效地将所在地与原籍地的市场连接起来，实现效益的最大化。在投资力量上，在外投资的异地企业如果做到一定规模，都会考虑回乡投资的问题。但是如果对家乡的项目没有足够了解，投资风险就会增大，异地商会的存在为异地企业回乡投资提供了一条通畅的信息渠道，他们能够通过异地商会及时了解到来自家乡的投资信息，进而大大提高资本的利用效率。

（三）类聚性：异地经商人口的“娘家”

异地商会不同于一般本地商会的特点在于，异地商会具有高度的凝聚力，成为异地经商人口的“娘家”。异地商会的会员企业除了在经济方面的合作之外，还存在血缘和地域上的联系。他们来自同一方水土，共同的地域文化使他们拥有相似的企业家精神，也使会员企业之间存在天然的亲切感。异地经商者在商会容易找到精神的寄托和“家”的感觉，所以当他们在经营过程中遇到纠纷和政策阻碍时，首先想到的是“出门靠商会”，通过组织的力量来为自身解决问题。

同时，异地商会作为会员企业信息交流的中心，能够提供同行业或不同行业间最新的供求趋势、产品信息，这些信息有可能成为某个会员企业下一阶段最重要的战略指导。另外，异地企业在信息交流的同时也促进了企业与企业间认知的互相提升。

（四）民间性：社会公信力的来源

异地商会大多由在外投资的企业或个人自发组建，由民间推动成立。尽管某些异地商会在成立过程中得到了所在地或原籍地政府的支持，但这并不能抹杀他们的民间性特征。异地商会的民间性主要体现在以下几个方面：首先，异地商会植根于社会，同时由异地商会牵头组织的一系列慈善、捐助行动，让所在地社会加深了对商会的认可，也获得了广泛的社会公信力。其次，异地商会的会长或副会长一般都由民营企业家担任，这些会长依靠自己的社会活动能力和在行业内的权威，促进行业自律，加强不同企业之间的信息互通和交流。再次，异地商会的进出门槛低，异地投资企业想要加入异地商会，除了每年缴纳小额的会费之外，几乎没有任何硬性的条件约束，这使得异地商会具有广泛的覆盖面，能够较大程度地吸引不同发展类型的原籍地企业加入商会，从而增强其代表性和公信力。

另外，从企业的角度而言，他们对异地商会的认可和信任程度随着异地商会发展规模的扩大和水平的提高逐步提升。一旦异地商会在所在地树立了好的品牌，就会越来越受到相关企业的注意，也就会进一步增强企业对异地商会的向心力。

三、湖南异地商会的发展

数十年的市场经济洗刷，湘商纷纷以商会的形式组成社团，交流乡情，共谋发展，举起了鲜艳的“湘商”旗帜。2003 年，重庆湖南商会和陕西湖南商会分别酝酿成立。尤其是重庆湖南商会的诞生，对后面湖南异地商会如雨后春笋般成立起到了引领作用。重庆市湖南商会原名“重庆在渝湘籍人士联谊会”，类似于老乡会，说明近代以来湖南人的文化认同感和凝聚力犹在，在市场经济条件下，老乡会顺势转变为现代商会。

2006年9月，“中博会”在湖南举办。省经协办借此契机，邀请了重庆、广东、四川、石家庄等地商会会长，召开了“首届湖南异地商会会长年会”第一次筹备会。2007年1月10日，“首届湖南异地商会会长年会”盛大开幕。商会的成立和发展，突破了“国家——企业”的传统二元结构，使企业有了可以向政府传达意志的窗口，政府需要做出决策时也有了聆听大多数企业呼声的渠道。

2007年6月，国务院印发《国务院办公厅关于加快推进行业协会商会改革和发展的若干意见》。借此东风，湖南异地商会如雨后春笋般相继建立，当年就有广西、云南、湖北、上海、厦门、金华、东莞、桂林、深圳、广东等湖南商会先后挂牌，经济“湘军”初具规模。

2013年9月27日，为期两天的2013湖南经济合作洽谈会暨湘商大会在株洲落下帷幕。会议期间，共促成投资合作项目174个，引进资金1158.73亿元。这些项目的履约和实施将为湖南经济发展注入新动力。

此次大会邀请了海内外上百家湖南异地商会及知名企业代表，中央企业、国内民营企业代表以及省内市州代表等1200多人参会，还有一批世界500强、国内500强和知名湘企参会。会议期间，众多海内外湘商精英汇聚一堂，为如何支持湘商发展、加快湘商崛起提供了很多宝贵意见和建议。

在这次湘商大会上，由196家湖南异地商会发起成立的湖南异地商会联谊会正式揭牌并亮相，旨在打造领域更宽、层次更高、规模更大的湘商联谊、交流、合作、发展平台。

图　第六届湘商大会重大项目签约仪式

截至2014年1月，湖南异地商会达到203家，会员企业有6万余个，合作发展已成为重要趋势。湘商基金已注资20亿元收购湘南地区铁锰矿，欲打造东南亚最大铁锰矿基地，并以此为基础发起设立矿业并购基地。这是湖南异地商会在2014年新年紧密合作展开的重大举措之一。湘商还运用基金重组国有控股上市平台，并向省政府申办建立湘商大宗商品交易所，为湘品出湘、出境搭建大型电子商务平台。

图 第六届湘商大会会场

四、湖南异地商会的成就

（一）湖南异地商会队伍不断壮大

1. 总量不断扩大

湖南异地商会队伍不断壮大，截至2014年，国内外湖南异地商会由2007年的54家发展到203家，除西藏外30个省、自治区、直辖市和港、澳、台地区全部成立省级湖南商会，美国、加拿大、老挝、越南、泰国、阿联酋、南非等10多个国家成立有湖南商会。

2. 网络不断拓展

各省级湖南商会在抓好自身建设的同时，积极将商会网络向区域内延伸拓展。目前，湘商网络已经覆盖30多个省会城市，并延伸至140多个地级市、20多个县区。

3. 实力不断增强

目前，国内外湖南异地商会拥有会员企业6万多家，资产总额超过万亿元，联系工商界人士60多万人，湘商已经发展成为全国知名商帮之一。

（二）湖南异地商会自身建设不断增强

1. 注重制度建设

一方面，注重内部组织建设，基本形成了决策民主、分工明确、团结协作的商会领导集体；同时，秘书处的建设、工作效率和管理水平不断提高，保证了商会工作的顺畅运行。另一方面，注重日常管理和规范建设，建立和完善了轮值制度、会议制度和财务、人事、内勤等规章制度，保障了商会各项工作的规范运行。

2. 注重文化建设

各商会在加强硬件建设的同时，也十分注重商会文化建设，提高软实力。许多商会开展了论坛、讲堂、沙龙、联谊、文体活动等具有鲜明湘商特色的文化活动。省经协办、指导服务中心与湖南日报合作设立了《天下湘商》专刊，还分别对各协作区和境外的 60 多家湖南商会和湘商代表进行了集中宣传推介。

3. 注重党的建设

各湖南异地商会坚持党的建设、制度建设、硬件建设、机制建设“四位一体”同步推进。

（三）湖南异地商会作用不断发挥

1. 服务会员企业

各异地商会坚持服务立会的理念，当好会员“娘家”。一是开展信息服务，二是开展维权服务，三是开展融资服务。

2. 服务内联引资

连续六届湘商大会，促成投资合作项目 1652 个，引进资金 5817.24 亿元。召开的第六届湘商大会签订内资合作项目 174 个，引进资金 1158.73 亿元；银企合作项目 19 个，协议金额 241.7 亿元；校企合作项目 31 个，协议金额 10.71 亿元。

3. 服务湘品出湘

以全国湖南异地商会和 89 家湖南产品拓展办为依托、以湘商购总公司 + 省公司 + 分公司 + 加盟公司为架构的市场化湘商营销网络逐步健全。

4. 服务省际合作

各异地商会积极为跨省高层互访、跨区域经贸活动牵线搭桥，协调服务。

（四）湖南异地商会合作发展的成效不断显现

组建湖南异地商会联谊会和湘商投资发展基金。在 2013 年湘商大会上，正式成立了湖南异地商会联谊会。同时，由湖南异地商会联谊会发起成立了湘商投资发展基金，首期规模 100 亿元。

开展会员企业间合作。各异地商会注重整合资源、信息共享、优势互补、以强带弱、共同发展。

开展商会间合作。江苏省湖南商会与福建省湖南商会就加强合作签署了友好合作备忘录；湖南浙江商会与浙江湖南商会、湖南广东商会与广东湖南商会等商会间战略合作逐渐机制化、常态化。长沙市邵阳商会联合 19 家邵商，聚合 550 多家会员企业，注资 600 亿元，联动省内 29 家湖南异地商会和 190 多家异地湖南商会，共同打造“金桥国际商贸城 · 湘商总部基地”。陕西省湖南商会、湖北省湖南商会、荆州市湖南商会三家会长单位合作，共同在陕西投资 50 亿元建设秦汉新城海子湖等项目。

开展协作区内合作。华北协作区 2013 年组织了 6 次活动，召开了 3 次联席工作会议，将党的群众路线教育实践活动与协作区工作有机结合。华中协作区从成立之初的 5 个成员单位发展到 9 个，建立和完善了协作区联席会议制度、秘书长工作会议制度，定期召开会议，组织活动，交流办会经验，传递商贸信息，运行有序，成效明显。

（五）湖南异地商会奉献社会形象不断提升

广大湘商湘企在诚信经营、做强自身的同时，不忘致富思源，回报社会。一是勇担社会责任。雅安地震发生后，各商会纷纷伸出援手，慷慨解囊。长沙市邵阳商会、湖南省川渝商会等在湘异地商会捐款捐物 760 万元。湖北省湖南商会、广西湘商联合会、山西省湖南商会等也组织捐资救灾活动。湖南省浙江商会会长单位标志地产捐赠 50 万元，帮助湖南靖州特大火灾受灾群众度过困难期。二是热心公益事业。湖南省山东商会向益阳市教育基金会捐赠资金和教学仪器 550 万元，每年还捐款 100 万元修建希望小学。新疆湖南商会为“新疆民族团结基金”、吐鲁番实验学校等捐款捐物超过 600 万元。黑龙江湖南商会参与并促成天天向上集团捐赠黑龙江义务教育学校 1000 万元。据不完全统计，2013 年各湖南异地商会为社会公益事业捐款捐物超过 2 亿元。广大湘商热心公益、勇担社会责任，彰显了湘商的责任感，树立了湘商的良好形象，为湖南人民增了光，为湘商品牌添了彩。

五、湖南各异地商会简介

重庆市湖南商会：重庆市湖南商会原名“重庆在渝湘籍人士联谊会”，成立于1985年；2003年经重庆市工商业联合会（总商会）批准，成立了重庆市工商业联合会（总商会）湖南商会；2007年在重庆市民政局注册登记，成为具有独立法人资格的“重庆市湖南商会”。

本会是由湘籍人士在重庆市创办的企业以及湖南省各类企业在重庆市的分公司等自愿结成的地方性、非营利性的社会组织，是依法注册登记的联合性社团法人。

北京市湖南商会：在北京市政府有关部门的直接指导下，在湖南省委、省政府领导的关心支持下，于2003年12月30日经批准注册成立。

目前，商会由过去的单一总会，发展到拥有湘菜分会、融资投资分会、建设分会、文化传媒分会、永州分会、教育分会、株洲分会等7个分会。会员单位由建会时的48家发展到1500多家，其中拥有新华联集团、北京江河幕墙股份有限公司、北京东方雨虹防水技术股份有限公司、北京桑德环保集团有限公司、北京纽曼理想数码科技有限公司、北京元亨利贞投资管理有限公司、北京华野模型有限公司、北京资源集团等一大批实力雄厚的优秀企业。会员单位涉及房地产业、高科技产业、机械制造业、建筑业、生态农业、金融投资、石油化工、餐饮、印刷出版、文化娱乐、法律咨询等各行各业。商会网罗了一大批企业家、高级管理人员、专家、学者等知名人士和专业人才。目前，驻京湘企年产值达单位千亿元，上缴税费近50亿元。

浙江省湖南商会：浙江省湖南商会系由浙江鹤笪投资管理有限公司、杭州格格数码科技有限公司、浙江旭恒饰品有限公司、温州市富罗迷鞋业有限公司、浙江叁农投资有限公司等企业发起组建，以在浙湖南籍企业为主体，由湘浙两地经济协作机关主管，经浙江省民政厅登记注册，以加强和推动湘浙两地经济往来为己任的民间团体。正式成立于2010年7月，总部设在杭州，以“兴业强国、倡导和谐；联通湘浙，深化市场；互相砥砺，加强合作；做大做强，关爱社会”为宗旨，通过发展企业的方式，为湘浙两地经济社会发展、为社会事业的和谐进步、为国家的振兴和强大做出力所能及的贡献。商会以各地市分支商会为根本，积极加强会员之间的沟通和服务，为会员企业排忧解难、共谋发展。商会荣获了国家民政部颁发的“全国先进社会组织”“兴湘贡献奖”“5A级社会组织”，湖南省政府授予“湖南省慈善奖”，被中共湖南省直工委评为“学习型先进党支部”“先进基层党组织”。

广东省湖南商会：成立于2005年9月，是以在粤湘籍企业家为主体发起设立的民间社团法人。商会不以营利为目的，接受广东省民政厅民间组织管理局的监督管理和业务指导，是湖南省人民政府驻广州办事处重点指导的民间组织。

广东省湖南商会拥有惠州、东莞、韶关、佛山、江门、云浮6个办事处，花都皮具皮革、纺织、湘菜、家具4个专业委员会，中山、长沙、张家界、衡阳四个团体分会，3200多家会员企业，会员资产总值约1200亿元，会员遍布全省21个地市，涉及IT、电子电器、通信、贸易、建筑、服装、餐饮、物流、家具、医药化工、房地产开发、皮革皮具、珠宝、机械制造、农业、酒业、服务业等30多个行业，是湖南异地商会中会员数量最多、实力最强的一个商会。一大批湘企成为当地经济发展的助推器、行业的领头羊。

云南省湖南商会：云南省湖南商会是由滇、湘两省人民政府批准，于2007年成立的一家异地省级商会。目前，在昆510家、全省3000多会员企业分8大片区及各州市管理，产业涉及云南全省及湘、黔、川、渝等省、市非公经济所有行业领域，各地项目投资逾1000亿元。拥有中共湖南商会党委和共青团湖南商会委员会，7个事业发展专门委员会和会员维权办公室等服务机构，下辖湘金投资、小额贷款等多家经济实体有效服务会员。获得“湖南异地商会先进单位”、云南省2012年“优秀异地商会”“慈善爱心商会”和“中国社会组织5A商会”等荣誉称号。

上海市湖南商会：成立于2007年5月28日，前身是1993年成立的湖南省在沪企业协会。上海居住着50多万湖南人，在沪创办的企业超过3000家。拥有会员企业1000多家，下设常德、邵阳、岳阳、衡阳、湘潭、郴州6家市州分会及建筑建材、文印、旅游3家行业分会。一批知名湖南在沪企业如三湘房地产集团、湘财证券、三一重工、中联重科、远大空调、弘鑫置业、淳大集团、振湘航运、文峰集团，都受到过商会的帮助，或帮助他们开拓上海市场，或给予管理与资源配置上的支持。上海湘商热心社会公益，积极为湖南贫困地区捐资助学，先后捐献了10多所希望小学。

安徽省湖南商会：为了进一步拓展在皖湘人的事业空间，加强在皖湘商的相互沟通和交流，在湖南、安徽两省政府的关心和在皖的优秀湖南企业家的积极参与下，于

2008 年 8 月 21 日成立了安徽省湖南商会。商会充分发挥桥梁作用，以服务会员为宗旨，加强政企联系，协调各方资源，维护会员权益，扩大皖湘交流，优化创业环境，焕发湘商精神，重树湘人形象，为湖南和安徽的经济建设及社会各项事业的迅猛发展再立新功。

福州市湖南商会：福州市湖南商会是经湖南省经协办、福州市民政局批准同意，于 2013 年 10 月 27 日在福州市民政局登记的具有法人资格的异地商会，是由在福州的湖南籍工商业者创办的各类企业和个体工商户自愿组成的非营利性、地方性、民间组织社会团体。商会本着“精诚团结、求同存异、整合资源、共谋发展”的宗旨，热忱为会员服务；帮助企业开拓市场，引导企业规范经营；加强经济信息交流与合作，提高企业竞争能力；维护会员合法权益，团结、教育、引导会员做合格的中国特色社会主义事业建设者，为福州和湖南两地经济发展、社会和谐贡献力量。

商会会员涉及建材、地产、电子科技、信息产业、金融证券、商贸、广告、咨询、物流、化工、五金等几十个行业，其中拥有福州建邦伟业投资管理有限公司、福州市东方红湘满天下餐饮管理有限公司、福建闽瑞通工程机械有限公司、福州兴大建材有限公司、福州新华丰贺氏食品有限公司、福州中海信息技术有限公司、福州安润福设计工程有限公司、福州永年工程技术有限公司、福建万里行旅游文化传媒有限公司等一大批实力雄厚、资产优良、信誉良好的优秀企业。

“和谐社会”的建设离不开商会这支生力军，而各地湖南异地商会也正在成为当地经济发展与和谐社会建设的重要力量。湖南异地商会的发展，体现了湖湘文化的强大凝聚力，代表着湘商力量的日益壮大，这也是湖南省委和省政府亲商、爱商、护商政策直接催生的结果。在外地的湖南商会，也是海内外离乡创业的千千万万湘人的新家园。湘商的崛起已成燎原之势。湖南商会的建设更是后来居上，与中国当代商会的开创者浙江商会遥相呼应，成为中国新商会最耀眼的双子星座。

思政沙龙

1. 查阅古代商帮文献，讲述中国商帮的起源。

2. 查阅资料，讲述湖南茶帮的发展历史。

3. 谈谈湖南异地商会在湘商经济发展中的作用和贡献。

拓展训练

1. 收集湖南商人在外省建立的商人会馆，制作成图文并茂的演示文稿。

2. 从湖南茶叶、鞭炮、瓷器、湘绣四大传统商品中选取一种进行深入了解，并以图文并茂的 PPT 形式展示其发展历程。

3. 收集一处异地湖南商会资料，整理该商会的发展情况。

附：湘商大事记

1. 2003 年 4 月，全国第一家民间异地湖南商会成立。重庆市湖南商会前身为成立于 1985 年的“重庆在渝湘籍人士联谊会”。伍继延 2002 年 12 月担任会长后，开始为注册重庆市湖南商会做筹备工作，2003 年 4 月，经重庆市工商业联合会（总商会）批准，成立了重庆市湖南商会。第一家民间异地湖南商会的成立为其他省市湖南商会的成立提供了借鉴，推进了湘商迈入现代商会组织的进程，也为湘商大会的举办奠定了坚实的基础。

2. 2006 年 4 月，首届异地湖南商会联谊会在重庆举行。随着全国异地湖南商会的纷纷建立，湘商的发展已形成了星火燎原之势。2006 年 4 月，伍继延以重庆市湖南商会会长的名义，在山城重庆发起组织了首届全国异地湖南商会协作联谊座谈会，成立“湖南商会协作联谊网”，正式提出在 2008 年召开全球湖南工商界人士大会的设想。广东省、陕西省、四川省、甘肃省、宁夏等省份的 7 家异地湖南商会参加，还有正在筹备的温州湖南商会也派了代表出席。

3. 2007 年 9 月，湖南举行首届湘商大会。2007 年 9 月 27 日，首届湘商大会在长沙盛大开幕。国内外知名企业代表、异地湖南商会代表团和市州代表团共 2000 多名湘商齐聚长沙，共谋湘商崛起大计，共话湖南经济发展。据统计，首届湘商大会共发布省级重点招商合作项目 586 个，总投资 3006 亿元。共促成 195 个合作项目，总投资 453.1 亿元，合同引进资金 442.2 亿元。

4. 2007 年 9 月，《湘商宣言》发布。2007 年 9 月 26 日，来自全国乃至全世界各地的近千名湘商相聚湖南，共同在《湘商宣言》上签名，承诺以富有“责任、创新、务实、和谐、诚信”的当代湘商文化精神共勉。一百米长卷，字迹不一地签着近千个名字，名字的主人都打着同一个烙印：“湘商”。“责任、创新、务实、和谐、诚信”，这 10 个字被确立为当代湘商文化精神。《湘商宣言》标志着湘商成为一个正在崛起的商界群体，其影响力不断增大。

5. 2008 年 10 月，首届杰出湘商评选在岳阳举行。截至 2008 年 10 月，全国已建立湖南异地商会 81 家，筹建中的有近 20 家，共有会员 26000 多家。湖南商会遍及除西藏、山西以外的全国各大省市区和主要城市。2008 年 10 月 28 日，首届中国杰出湘商评选组委会在岳阳正式对外公布了“芙蓉王杯”杰出湘商评选获奖名单，并举行了盛大的颁奖典礼。经过公众投票、专家考察评议、公证机关公证等一系列环节评选，梁稳根、曾左桥、黄志明、周华松、傅军、陶一山、刘载望、傅胜龙、张跃、陈乐田、刘立荣、孙国树等 12 人最终获得了“首届中国杰出湘商”称号。

6. 2009 年 5 月，怀化洪江古商城湘商寻祖。2009 年 5 月 27 日至 5 月 30 日，湘商寻祖在中国第一古商城——怀化洪江举行。活动由省经协办、省工商联、怀化市人民政府共同主办。在湘商寻祖洪江祭祀大典上，湘商代表伍继延宣读了《湘商寻祖洪江宣言》。随着活动影响的扩大，“10+1”商帮概念逐渐深入人心，为打造湘商品牌打下了深厚的基础。

7. 2009 年 11 月，湘商首次跻身中国十大商帮行列。2009 年 11 月 19—21 日，由苏商联合安徽、江苏两地政府部门牵头发起的 2009 中国商帮领袖（苏州）峰会隆重举行。晋商、徽商、浙商、湘商等商帮领袖聚首苏州。在本次峰会上，湘商以后发赶超之势首次进入中国新十大商帮行列，名列第九，填补了中国十大商帮无湘商的空白，对湘商具有划时代的历史意义。

8. 2010 年 4 月，中共湖南省委、湖南省人民政府出台《关于加强湖南异地商会建设，支持湘商发展的意见》的 6 号文件，支持湘商发展。2010 年 4 月 5 日，中共湖南省委、湖南省人民政府《关于加强湖南异地商会建设，支持湘商发展的意见》的 6 号文件新鲜出炉。这份文件的出台，首次将湘商发展提到了政府的高度。文件肯定了近年来湖南异地商会（包括异地湖南商会和异地在湘商会）得到了长足发展，为推动湖南经济发展和社会进步做出了积极贡献。对湖南异地商会的发展提出了指导性意见。

9. 2010 年 9 月，省政府首次设立“兴湘贡献奖”。2010 年 9 月 29 日晚，在 2010 湖南经济合作洽谈会暨第四届湘商大会上，时任省委书记周强，省长徐守盛亲自为“兴湘贡献奖”获得者颁奖。这是湖南省以省政府名义设立的“湖南异地商会兴湘贡献奖”，旨在对为湖南经济发展与区域合作做出突出贡献的商会进行颁奖。20 家湖南异地商会荣获了湖南异地商会兴湘贡献奖。

10. 2011 年 3 月，三湘都市报强势推出《天下湘商》周刊。2010 年 9 月 23 日，华声湘商在线开通。来自省内外 200 余名湘商见证了这一盛况。2011 年 3 月 12 日，三湘都市报作为省级主流媒体，第一个隆重推出《天下湘商》周刊。至此，天下湘商终于有了自己在两家省级主流媒体的精神家园。

11. 2014 年 5 月，湖南商务职业技术学院湘商文化院顺利开馆，成为湖南商业教育领域第一个集教学（培训）、研究、展示于一体的平台。

12. 2016 年 2 月，湖南人民出版社出版了《湘商文化教程》，这是全国首部与湘商文化相关的教材。

13. 2016 年 3 月，湖南商学院湘商研究中心成立揭牌仪式隆重举行。湘商研究中心的建设任务一是梳理和研究湘商发展史，探讨湖南商业经济活动的发展规律，总结和归纳湘商优秀文化传统；二是开展湘商文学创作与研究，记录湘商发展历程和湘商成就；三是围绕湘商及其活动开展“互联网 +”时代内容生产和传播；四是对接湘商企业，为湘商和企业家提供智力支持；五是充分整合湘商资源，为教学与人才培养服务，为大学生创新创业实践和就业提供机会和平台，助力湘商新人成长，真正把湖南商学院办成中国湘商成长的“摇篮”。

14. 2016 年 6 月，湖南湘商文化研究会成立仪式在长沙举行。会议审议通过了《湖南湘商文化研究会章程》，选举产生了首届理事会。原省委常委、原省纪委书记黄建国被推举为名誉会长，湖湘文化名家郑佳明当选为会长，湖南商学院文学与新闻传播学院党总支书记陈海军为秘书长。

15. 2017 年 11 月，青年湘商发展论坛在郴州隆重召开。论坛以“全球青年湘商扬帆新时代”为主题，来自全球 10 多个国家和地区及中国 20 多个省份的 150 多名青年湘商代表齐聚一堂，群英论道。论坛会上还举行了世界青年湘商联盟成立仪式。

16. 2018 年 9 月，“湘商产业与金融促进发展系列活动”正式启动。本次活动以“产融共进，智胜未来”为主题，零距离对话各大湖南商会会长、知名产业投资人，深度解码湘商企业家的创业故事，洞悉优势产业项目的价值逻辑；提升湘商产业项目在资本市场的估值，推动湘商产业项目与金融资本的合作对接。

17. 2019 年 5 月，中国商业文化研究会举办了首届湘商文化高端品牌大会。峰会上，湖南大三湘茶油股份有限公司、湖南湘窖酒业有限公司、湖南现代农博农业科技有限公司、湖南点扬信息科技有限公司、广东金鑫净化科技股份有限公司、长沙威廉酒店管理有限公司、杭州正雅文旅等 7 家企业正式新晋成为中国商业文化研究会湘商文化分会副会长单位，会长伍继延和执行会长曹拥军分别予以授牌。湘商文化和大三湘以及永州“华农小镇”举行了合作签约仪式。

18. 2019 年 10 月 28—30 日，湖南经济合作洽谈会暨第九届（全球）湘商大会将在益阳举行。本次大会由湖南省工商联、省商务厅、益阳市人民政府共同主办，以“培育经济新动能、共绘合作新画卷”为主题，旨在深入贯彻落实习近平新时代中国特色社会主义思想，深入实施湖南创新引领开放崛起战略，广泛凝聚全球湘商力量，组织搭建一批重大合作平台、签署一批重大投资项目、启动一批重大建设工程，打造内陆开放新高地，助推湖南经济高质量发展，加快建设富饶美丽幸福新湖南。

19. 2020 年 9 月，食品湘商风云榜评选启动仪式在长沙国际会展中心隆重举行。本次大会内容主要活动分别为 2020 年食品湘商风云榜项目推介和启动仪式、湘商风云榜评选组委会为媒体界评委颁发证书、食品湘商总部项目推介及签约、安全食品产销合作企业签约、中国网红产业发展大会项目介绍等。

20. 2021 年 10 月，湖南经济合作洽谈会暨第十届全球湘商大会在株洲举行。本届湘商大会采取线上线下相结合、线上为主的方式举行。“三类 500 强”企业代表、全国湖南商会代表、全国知名湘商代表、全球湘商联盟主席团代表、项目签约客商代表等 300 余人现场出席大会。

21. 2022 年 8 月 8 日，2022 第十六届中国品牌节・湘商文化论坛在长沙举行。本次活动内容有《范旭东成功启示录》首发式暨湘商文化之魂范旭东论坛、湘商文化品牌主旨演讲、湘商文化品牌论坛、湘商文化战略合作签约仪式、第二届湘商文化品牌峰会启动仪式、湘商文化新入会单位授牌仪式、湘商文化新任顾问聘书颁发仪式等。

22. 2023 年 6 月 19 日，“2023 互联网岳麓峰会”在湖南长沙拉开帷幕。本届峰会以“智联湘江，乘数而上”为主题，邀请互联网领域专家学者、行业精英和企业家等，围绕数字经济发展上中下游产业链，聚焦科技金融、科技创新、智能制造、新一代信息技术、新材料等领域举行主题论坛，共话互联网产业发展新趋势，续谱数字经济美好蓝图。开幕式上，万兴科技创始人、董事长兼总裁吴太兵发布《湘商回乡倡议书》。

参考文献

［1］周妮，禹明华．湘商之魂——湘商文化与社会主义核心价值观关系研究［M］．中国财政经济出版社，2021.

［2］伍继延．在商言商［M］．中国社会出版社，2014.

［3］谢立民．湘商崛起［M］．中国经济出版社，2013.

［4］朱有志，郭钦．湖南近现代实业人物传略 [M]. 中南大学出版社，2011.

［5］伍继延，枕戈．崛起湘商：一个全新思想的商业群体［J］．中国商人，2008（12）.

［6］禹明华，刘智群．基于湘商文化传承的地方文化品牌打造——以湘商文化传承为标准［J］．中国标准化，2022（4）.

［7］陈曦．论近代前期的湖南商业［J］．湖南农业大学学报（社会科学版），2005（2）.

［8］李华．清代湖南商人的经商活动——清代地方商人研究之九［J］．中国经济史研究，1992（1）.

［9］陈曦．论近代前期的湖南商业 [J]. 湖南农业大学学报，2005.

［10］刘云波．论近代湖南的几种外销型手工业［J］．湘潭大学学报（哲学社会科学版），2005（5）.

［11］钟兴永．近代湖南集市贸易的发展［J］．求索，1998（1）.

［12］陈曦．从湖南的地方志看清代前期湖南商业［J］．中国地方志，2002(5).

［13］周秋光．古代湖湘文化的形成与历史演变 [J]. 湖南省社会科学院学报，2009.

［14］李萍．中原“商”文化对华夏商文明的影响 [J]. 长春理工大学学报，2013.

［15］廖佚．湘商文化的内涵研究 [J]. 全国商情，2015.

［16］廖佚．“一带一路”背景下湘商文化育人的内涵与特征研究 [J]. 经济研究导刊，2020.3.

［17］田若虹，周忠新．南楚丝绸之路论略 [J]. 湘商时代，2015.

［18］黄芳．湖南省商业连锁经营研究［D］．中南大学企业管理专业硕士学位论文，2005.

［19］覃婵．湖南省中小企业集群发展研究［D］．湖南大学国际商务专业硕士学位论文，2013.

［20］钟敏．湖南民营企业跨国经营模式研究［D］．湖南大学国际贸易学硕士学位论文，2007.

［21］刘珍江．邵东民营经济发展模式的转型与创新发展［D］．湖南大学政治经济学专业硕士学位论文，2008.

［22］江小良．湖南环达公司非洲市场发展战略研究［D］．湖南大学工商管理硕士学位论文，2008.

［23］任伟琳．湘潭县块状经济发展战略研究［J］．中南林业科技大学学报（社会科学版），2007（9）.

［24］庞晓雪．株洲服饰行业产业集群发展的探讨［J］．株洲工学院学报，2006（9）.

［25］刘旦，宋志荣．湖南农业产业化经营模式探析［J］．作物研究，2008.

［26］《湖南省茶业集团股份有限公司：基地建设＋营销网络促湘茶产业转型升级》［J］．中国合作经济，2015.

［27］张红燕．连续经营的模式研究［J］．商业研究，2004（9）.

［28］颜华．中南出版传媒集团：为“走出去”搭建更好、更宽的平台［D］．出版新闻，2011（4）.

［29］谢希钢．关于传统中小企业集群的比较分析研究——以湖南中小企业集群的典型模式为例［J］．长沙铁道学院学报（社会科学版），2006（3）.

［30］邓惠艳．湖南省农产品出口贸易问题研究［D］．湖南农业大学农业推广硕士学位论文，2009.

［31］肖功为．邵东县民营民办县域工业园区运作创新模式研究［J］．邵阳学院学报（社会科学版），2007（12）.

后记

文化兴则国运兴，文化强则民族强。习近平总书记在中国共产党第二十次全国代表大会上的报告中指出，“坚持和发展马克思主义，必须同中华优秀传统文化相结合。只有植根本国、本民族历史文化沃土，马克思主义真理之树才能根深叶茂。”在五千多年文明发展中孕育的中华优秀传统文化，其蕴含的核心思想理念、中华传统美德和中华人文精神，是中华民族生生不息、发展壮大的丰厚滋养。而湘商文化作为中华优秀传统文化的重要组成部分，一直以来都以隐性或显性的形态影响着地方经济社会发展。对湘商文化进行发掘整理，对其文化内核进行凝练提升，进而开展教育传承，从而深入把握其文化形态并用以指导社会实践意义深远。

高职院校作为优秀文化传承的重要载体和思想文化创新的重要源泉，将优秀传统文化教育融入育人实践，既是培育和践行社会主义核心价值观的职责与使命，也是提升立德树人成效的要求和选择。

“湘商文化”作为一种具有鲜明地域特征的商人文化，是湘商所创造的并且渗透在其一切行为系统里的观念体系和价值体系，是湘商在商业行为进行过程中的思想、情感、价值观、行为方式、道德规范的总和。作为湖南优秀文化资源，“湘商文化”在人才培养过程中具有重要的正面激励作用，具有其他教育素材难以替代的功效。基于此，《湘商文化教程》编写组力求以教材的形式，图文并茂地展示湖湘文化的底蕴与精髓。编者希望在以湘商文化为主题的教学中，能培育湖南商业学子的职业操守、商业精神和远大人生理想，增强学生的整体竞争力，带动湘商文化的传承与发展。

本教材共分六章，由湖南商务职业技术学院禹明华、廖佚、李琦担任主编，周妮、韦星、刘婕、刘欣、陈娟莉担任副主编。参与编写工作的有禹明华、廖佚、曾玲（第一章），聂振华、吴婷（第二章），周妮、刘欣、陈娟莉（第三章），汤艺峰、李琦、韦星（第四章），刘婕、陈洛茜、欧阳晓婷（第五章），黄铖、余卉、侯颀（第六章），禹明华、周妮（湘商大事记）。

由于湘商文化教材的编写修订尚属首创，难免经验不足和存在疏漏，恳请广大读者提出宝贵意见，以便修订时不断完善。

编者

2024 年 1 月

于湘商文化院